朝鮮語研究 8

朝鮮語研究会〔編〕

ひつじ書房

序

　朝鮮語研究会は日本における朝鮮語研究を促進するために1983年4月に設立され、今年で36年目を迎えました。月例の研究会と『朝鮮語研究』の刊行が主な活動です。月例の研究会は着実に回を重ね、2019年6月1日開催の研究会で263回となりました。巻末の「朝鮮語研究会の記録」は第1回からの発表者と発表題目を示したもので、現在、朝鮮語研究の中核を担う研究者のお名前が連なっています。中には発表者であった当時、学生だった方々もいらっしゃいます。朝鮮語研究会が良い意味での「狭き門」の役割を果たしてきていることがうかがわれます。

　この『朝鮮語研究』は2002年3月に第1号が刊行され、今回が第8号となります。第7号の刊行から2年たち、ようやく上梓することができました。第8号には9編の投稿があり、査読委員による査読の結果、6編の論文が掲載されることになりました。今号も学術的に質の高い論文を世に出すことができたものと思っております。朝鮮語の研究・教育に携わっている方々、研究者を目指している学生の方々、そして朝鮮語以外の言語を研究なさっている方々にもぜひ手に取って読んでいただきたいと願っております。

　今回、刊行にいたるまで趙義成編集委員長には大変なご尽力をいただきました。投稿者への連絡や査読の取りまとめ、編集の実務まで担って下さいました。心より感謝申し上げます。また、査読を担当して下さった先生方に厚く御礼を申し上げます。そして、『朝鮮語研究』第8号の刊行をお引き受け下さいましたひつじ書房の松本功編集長、編集担当の丹野あゆみさんには大変お世話になりました。作業が遅々として進まず、ご迷惑をおかけしたことをお詫びするとともに、本書を世に出して下さったことに心より感謝申し上げます。

　最後に、毎回の研究会にご参加くださった多くの方々にお礼を申し上げます。月例の研究会の開催、そして『朝鮮語研究』の刊行はこれ

からも継続してまいります。皆様の積極的なご参加、ご投稿をお待ちしております。今後とも朝鮮語研究会の促進、進展にご協力とご理解をたまわりますことを心よりお願い申し上げます。

2019年7月1日
朝鮮語研究会会長　五十嵐孔一
（朝鮮語研究会HP　http://www.tufs.ac.jp/ts/society/tyosengo/）

朝 鮮 語 研 究
8

序 ………………………………………… 五十嵐 孔一 (3)

方言資料を通して見た母音ㅚとㅟの発音の変化 …… 岩井 亮雄 (7)

記憶指示のユ・저についての一考察 —点的記憶指示・
　線的記憶指示という観点から— ……… 河 正一, 金井 勇人 (37)

事実条件を表す現代日本語「と」と
　現代韓国語「-자」の対照 …………………… 尹 聖樂 (57)

案内文・告知文に現れる朝鮮語の'Ⅲ-야 하다'と
　それに対応する日本語の表現 ………………… 平 香織 (79)

陳述と진술について
　—日朝対照文法論の観点から— ………………… 五十嵐 孔一 (107)

対面会話開始部の日韓対照研究
　—日常的・久しぶりに出会った場面において— …… 岡村 佳奈 (125)

朝鮮語研究会の記録 ……………………………………………… (153)
執筆者一覧 ………………………………………………………… (181)

朝鮮語研究会
2019 年 9 月

方言資料を通して見た母音ㅚとㅟの発音の変化

岩井 亮雄 (いわい・りょうた)

1. 序論

現代韓国語諸方言の母音ㅚとㅟの発音やその音変化については、主に (a) 研究者や外国人宣教師等による主観的記述、(b) 中部方言を反映したとされる音声資料、(c) 方言語彙資料に基づいて検証されている。こうした既存論考では、音変化を検証するために、次の 2 通りの方法が用いられている。

(A) 調査時期の異なる複数の資料を比較する。
(B) ある時期の調査資料に基づいて推定する。

(a) については、김봉국(2006)が (A) の視点から音変化を検討する。それによると、ㅚは oi > ø > we のように、ㅟは ui > wi (主に中子音では ui から y を経て wi になる) のように変化したと考察する[1]。
(b) については、韓成愚(2005)が (A) の視点から音変化を検討する。韓成愚(2005)は 1930 年代のレコードの音声を分析し、その分析結果を 1950 年代以降の音声の分析結果と比べ、ㅚは oi > ø > we のように、ㅟは ui > y > wi のように変化したことや、単母音と二重母音の自由変異と混乱の可能性等を考察する。
(c) については、(a) や (b) とは異なり、(A) の視点から検討した論考は見当たらず、(B) の視点から音変化を考察する。既存の論考は、本論の中で紹介する。
以上では、調査時期の異なる方言資料を比較することにより現代韓国語諸方言の母音ㅚとㅟの発音の変化が考察されていないことを示した。そこで本稿では、1900 年代前半と後半に調査された方言資料を比べるこ

---

[1] 既存の論考では、oi を oi や oy, oj 等で、ø を ø や ö 等で、同様に ui を ui や uy, uj 等で、y を y や ü 等で記す場合があるが、本稿ではその違いには拘泥せず、oi, ø, ui, y で表記する。

とで、既存論考が数多ありながらも音変化に関する見解が一致しない、これらの母音の音変化の問題を考察する。更に、本論を通じ、20世紀頃の音韻史や語彙史等の研究に方言資料や言語地図を活用する試論を提供する。

本稿の構成は、次のとおりである[2]。1節の後半部分で先行研究を整理する。続く2節で研究方法を、3節で結果を示し、4節で考察を述べる。5節は結論である。

1.1. 方言資料と言語地図による既存の解釈

まず、方言資料と言語地図を根拠に現代韓国語諸方言の母音ㅚとㅟの発音の変化を考察した論考を批判的に検討する。母音ㅚに関する主要な見解は、次の3つである。

（ア）oi ＞ ø ＞ we
（イ）oi ＞ we ＞ ø
（ウ）方言分化

（ア）は최성규(2013)等の見解である。言語地図上ではøが全道的に分布し、we等は周辺的に分布するように見えることを根拠にする。この解釈は慶南・慶北や平北等に見えるwe やwɛ 等がøを経たという根拠がない点で問題である。もしøを経たのであればそのような語形が見られてもよいはずである。しかし、小倉進平(1944)所載資料では「回答」で慶南・慶北にøが現れる地域を除き、慶南・慶北や平北にøを含む語形は現れない（拙稿2017: e63–e74）。但し、咸北にøやwe等の共存する地域が確認される（拙稿2017: e63–e74）ので、咸北ではøを経たという妥当性

---

[2] 本稿の一部は、「韓国語の母音 ø の音色の地域差について—小倉進平著『朝鮮語方言の研究』所載資料を活用して—」（第253回朝鮮語研究会, 東京大学本郷キャンパス, 2017年5月27日）及び「言語地圖를 通해 본 母音 'ㅚ'의 音變化 經路에 對하여—小倉進平의 方言調査를 活用하여—」（韓國文化教育中心第一屆新世代韓國學研究者國際學術會議, 台湾・国立政治大学, 2018年6月2日）として口頭発表したところに基づく。本稿の執筆にあたっては、両発表内容に大幅な加除修正を施した。両発表において建設的なご意見をくださった各位に感謝申し上げる。また、投稿論文の初稿に対し建設的なご意見をくださった2名の査読者にも感謝申し上げる。

を言語地図から窺うことができるかもしれない。

　なお、必ずしも言語地図を根拠にした論考ではないが、地域によっては ø を経ずに oi ＞ we のように変化したとみる論考がある。例えば 곽충구(2003)では地域によって oi ＞ we のような経路を別途立てる。慶北の安東方言の音変化を論じた 김한별(2017)では oi ＞ we のような ø を経ない変化を推定する。

　（イ）は拙稿(2018)等の見解である。ø は朝鮮半島の西南から東北にかけて分布する（＝B）のに対し、we（及びその変種）は慶南・慶北や平北、咸北の一部を中心に分布する（＝A）。これは ABA のような分布をなす。この分布が周圏論的分布をなす、つまり A が B より古い語形の地域と見ると、oi ＞ we ＞ ø のような見解が得られる。この解釈の問題点は、周圏論的分布が一般に語彙史、即ち各々の語形の新古関係の分析に用いられる点である。音韻史の議論でこの分布を持ち出す妥当性が問われる。また、小倉進平(1944)所載資料の「黄瓜」「山・墓」に全南・全北等で oi を含む語形が見られることも問題を提起する。oi が分布する地域を C、ø が分布する地域を B、we（及びその変種）が分布する地域を A と見ると ABCBA のような分布をなす。この分布が周圏論的分布をなすとすると、A が古く C が新しい、we ＞ ø ＞ oi のような見解が得られる。これはこの母音の中世語以来の発音が oi で、oi を含む語形が古語の発音を反映したとする既存の研究に矛盾する。もし oi ＞ we ＞ ø のような変化を周圏論的分布により説明しようとすると、oi は古語の発音を保存した地域に見られるから等の説明が必要である。

　（ウ）は鄭仁浩(2013)等の見解である。幾つかの音環境ごとに ㅚ の発音を検討し、その発音の地域的特徴をもとに言語地図に境界線を引く。音変化を地域ごとに捉える点で、全道的な視点で考察した（ア）や（イ）の見解とは一線を画す。なお、方言ごとに ㅚ の音変化を論じた論考は、方言分化の考えと軌を一にすると言えるだろう。

　以上により、言語地図を根拠に ㅚ の発音の変化の方向性を論じると、少なくとも3通りの解釈が可能であることが分かる。特に朝鮮半島の全道的な変化を考察すると（ア）oi ＞ ø ＞ we と（イ）oi ＞ we ＞ ø の相異なる結論が得られる。こうした議論は、言語地図を根拠に ㅚ の音変化を論じた既存の論考の限界を示す。

また、鄭仁浩(2013)や최성규(2013)等では小倉進平(1944)や韓國精神文化研究院(1987–1995)の調査された年代の違いを考慮しない。韓國精神文化研究院(1987–1995)に黄海や咸南・咸北、平安・平北等のデータがないため、小倉進平(1944)を参照することさえある。即ち、既存の研究では両資料を同時代の資料とみなして扱う。

母音ㅟに関しては、최성규(2013)による次の2つの見解がある。

(エ) ui ＞ wi
(オ) ui ＞ y ＞ wi

최성규(2013)は、単母音 y を経た場合とそうでない場合があり得たと考察し、(エ)と(オ)の2つの見解を示す。また、(ア)の場合と同様、言語地図上では(変化の最終形であるとする)wi が慶南・慶北や平南・平北に分布することを(エ)や(オ)のような変化を推定する根拠にする。

1.2. 音変化の方向性

次に、母音ㅚとㅟの音変化に関する既存の見解を整理する。19 世紀後半から 20 世紀に至る現代韓国語諸方言を対象に母音ㅚの発音の変化を考察した論考では、次のような見解が披瀝される[3]。

(カ) oi ＞ ø ＞ we
(キ) oi ＞ we ＞ ø
(ク) その他、方言分化等

(カ)を支持する論考は、小倉進平(1944)や韓國精神文化研究院(1987–1995)等をもとに言語地図を描き、それをもとに全国的な音変化の方向性を論じた최성규(2013)、各方言の文献資料等を参照し考察した鄭仁浩(2004)、中部方言(特にソウルとその近隣地域)を対象に 19〜20 世紀の韓国人学者と外国人学者による記録や 1930 年代当時の音声資料等を根

---

[3] we は半広母音 wɛ や狭母音化した wi、単母音 e, ɛ, i 等で現れる地域もあるが、本論では(カ)や(キ)等のように we とその変異音を含んだ意味で we と記す場合がある。

拠に論じた김봉국(2006)等である。崔明玉(1982)は慶北の月城方言の音韻論を論じる中でこうした変化を示す。

　（キ）を支持する論考は、当時のソウル（京城）を対象に考察したと思われる G. J. Ramstedt(1939)[4]、19世紀後半の全羅方言を対象に当該方言資料を根拠に考察した崔銓承(1987)等である。

　（ク）には（カ）や（キ）等とは異なる変化を推定した論考がある。곽충구(2003)は諸方言資料を活用して全国的な音変化の方向性を論じ oi ＞ we ＞ ø ＞ e, oi ＞ wε（地域的な特徴）のような音変化を推定する。李秉根(1973)は江原の江陵・三陟・蔚珍等を対象にした現地調査に基づき we ＞ ø のような単母音化（による二重母音の回避現象）を、한영균(1995)は江原方言を対象に韓國精神文化研究院(1987–1995)に基づき wε ＞ ø と oi ＞ … ＞ ø の2つの音変化を示す。鄭仁浩(2013)は ㅢ が現れる環境を幾つかの条件で場合分けし、地域ごとにどのように発音されるか検討し、発音の違いを等語線で示す。

　母音 ㅟ の発音の変化を考察した先行研究の見解は、次のようである。

（ケ）ui ＞ y ＞ wi
（コ）ui ＞ wi ＞ y
（サ）その他

　（ケ）を支持する論考は、小倉進平(1944)や韓國精神文化研究院(1987–1995)等をもとに言語地図を描き、それをもとに全国的な音変化の方向性を論じた최성규(2013)や、中部方言（特にソウルとその近隣地域）を対象に19〜20世紀の韓国人学者と外国人学者による記録や1930年代当時の音声資料等を根拠に論じた김봉국(2006)、慶北の月城方言の音韻論を論じる崔明玉(1982)等である。このうち、최성규(2013)や김봉국(2006)では、先行子音の種類によっては y を経ずに ui ＞ wi のように変化する場合があると考察する。崔明玉(1982)では先行子音が存在する場合に（ui ＞ y ＞）wi ＞ i のように変化すると考察する。

　（コ）を支持する論考は、諸方言資料を活用して全国的な音変化の方向

---

4) ø は数世紀に渡り使われていなかったが，i の影響の結果として再び現れているとしている（G. J. Ramstedt, 1939: 443）。

性を論じた곽충구(2003)、当時のソウル（京城）を対象に考察したと思われる G. J. Ramstedt(1939)[5]、19 世紀後半の全羅方言を対象に当該方言資料を根拠に考察した崔銓承(1987)等である。

　（サ）には（ケ）や（コ）等とは異なる変化を推定した論考がある。鄭仁浩(2004)は各方言の文献資料等を参照し非語頭では ui ＞ u または i、語頭では ui ＞ y（または ui ＞ wi）のような音変化を推定する。한영균(1995)は江原方言を対象に韓國精神文化研究院(1987–1995)に基づき ui ＞ wi ＞ y と ui ＞ … ＞ y の 2 つの音変化を示す。

1.3. 方言資料を活用した論考の例

　最後に、本論で分析対象とする方言資料を言語地図化し分析した既存の論考を紹介する。小倉進平(1944)所載資料を言語地図化した報告書に中井精一(2007)、福井玲編(2017, 2018)がある。このうち福井玲編(2017, 2018)では、言語地図の解釈も行なう。任意の課題を設定し、小倉進平(1944)所載資料を活用した論考に、漢語借用と関連ある語彙を対象に論じた朱林彬(2016)、母音ㅓの音色の地域差を論じた拙稿(2017)、母音ㅓの音色の地域差を論じた拙稿(2019)がある。また、韓國精神文化研究院(1987–1995)所載資料を言語地図化し、その解釈を施した論考に이익섭外(2008)がある。

2. 方　法

　分析のための基礎資料は、小倉進平(1944)所載資料である。この資料は主に 1911 年から約 20 年に渡り記録されたもので、その被調査者は原則として普通学校の男女生徒約 10 名である。基礎資料と比べるための方言資料は、韓國精神文化研究院(1987–1995)と金英培(1977)所載資料である。韓國精神文化研究院(1987–1995)は一時調査が主に 1980 年代前半に、確認調査が主に 1980 年代後半から 1990 年代前半に行なわれ、その被験者は調査当時 50 代後半から 80 代の韓国語諸方言話者である。金英培(1977)は 1967 年に対面調査または印刷物による間接調査が行なわれ、その被

---

5) y は数世紀に渡り使われていなかったが，i の影響の結果として再び現れているとしている　(G. J. Ramstedt, 1939: 443)。

験者は調査当時50代から70代の平安方言話者である[6]。

　分析対象は、基礎資料で朝鮮半島の全道（当時の行政区分に従う）、またはそれより1道少ない7道に渡って調査された調査項目のうち、後期中世語から母音ㅚやㅟの綴字を含む項目、かつ韓國精神文化研究院(1987–1995)で調査されている項目である[7]。具体的な項目は、母音ㅚについては「外（外国）」「鉄・金」「回答（蛔虫）」「麻布」「山・墓」「黄瓜」の6項目であり、母音ㅟについては「耳輪（耳）」「糊刷毛」「蝙蝠」の3項目である[8]。

　分析方法は、分析対象についてㅚとㅟの発音とその地域差をまとめる。各調査地点の発音（微視的な視点）と各地域の発音（巨視的な視点）を確認できるようにSeal8.0[9]を用いて調査項目の言語地図も作成する[10]。各方言資料におけるㅚやㅟの発音とその地域差を対照することで、小倉進平(1944)が調査された1990年代前半から、韓國精神文化研究院(1987–1995)及び金英培(1977)が調査された1990年代後半の間に起きたと考えられる各地域の発音の変化を考察する。

---

6) 金英培(1977)を参照したのは，韓國精神文化研究院(1987–1995)が韓国語諸方言の資料しか扱わないので，北朝鮮方言の資料を補うためである。金英培(1977)のみを北朝鮮方言資料として参照するのは，ㅚとㅟの発音を方言資料から分析するためには（ハングルではなく）発音が表記される資料が必要であり，被調査者等に関する情報や適当な調査項目が立項される必要もあるが，斯くの条件を備えた北朝鮮方言資料としては金英培(1977)しか見出せなかったためである。
7) 小倉進平(1944)所載資料で朝鮮半島の全道またはそれより1道少ない7道に渡り調査された調査項目については，福井玲(2016)を参照されたい。それらの調査項目のうち，母音ㅚの音色を含む調査項目は拙稿(2017)を，ㅟの音色を含む調査項目は拙稿(2019)を参照されたい。
8) 小倉進平(1944)の調査項目である「外」「回答」「耳輪」が韓國精神文化研究院(1987–1995)の調査項目には立項されていないが，その代わりに「外国」「蛔虫」「耳」を代用する。
9) Seal8.0は，福嶋秩子氏と福嶋祐介氏が開発したSeal7.0Jをもとに福井玲氏が開発した言語地図作成プログラムである。開発者によるとプログラムは開発者のウェブページ（http://www.l.u-tokyo.ac.jp/~fkr/OguraProject.html）からダウンロードできるようになる予定とのことである。
10) 小倉進平(1944)調査時と韓國精神文化研究院(1987–1995)と金英培(1977)調査時では，行政区画の方式が異なり得るが，本稿では，小倉進平(1944)所載資料の分布から韓國精神文化研究院(1987–1995)や金英培(1977)所載資料の分布への変化を考察することに主眼を置くため，道境は小倉進平(1944)調査時のものに揃える。

【表1】転写方法

	小倉進平	本論文		小倉進平	本論文		小倉進平	本論文
1	ㅏ= a [a]	a	13	ㅐ= iai [jɛ]	jɛ	25	ㄷ= t [t, d]	t, d
2	ㅑ= ia [ja]	ja	14	ㅔ= ɔi [e]	e	26	ㄹ= r [r, l]	r, l
3	ㅓ= ɔ [ɔ]	ɔ	15	ㅖ= iɔi [je]	je	27	ㅁ= m [m]	m
4	ㅕ= iɔ [jɔ]	jɔ	16	ㅚ= oi [ø]	ø	28	ㅂ= p [p, b]	p, b
5	ㅗ= o [o]	o	17	ㅟ= ui [wi]	jo	29	ㅅ= s [s, t]	s, t
6	ㅛ= io [jo]	jo	18	ㅢ= ů̇i [ůi]	ii	30	ㅇ= ŋ [ŋ]	ŋ
7	ㅜ= i [i]	u	19	ㅘ= oa [wa]	wa	31	ㅈ= č [ʧ, ʤ]	ʧ, ʤ
8	ㅠ= iu [ju]	ju	20	ㅝ= uɔ [wɔ]	wɔ	32	ㅊ= č' [ʧ', ʤ']	ʧʰ, ʤʰ
9	ㅡ= u̇ [ů]	i	21	ㅙ= oai [wɛ]	wɛ	33	ㅋ= k' [k']	kʰ
10	ㅣ= i [i]	i	22	ㅞ= uɔi [we]	we	34	ㅌ= t' [t']	tʰ
11	ㆍ= ɐ	ʌ	23	ㄱ= k [k, g]	k, g	35	ㅍ= p' [p']	pʰ
12	ㅐ, ㆎ= ai, ɐi [ɛ]	ɛ	24	ㄴ= n [n]	n	36	ㅎ= h [h]	h

　方言資料を引用しつつ本論を進めるにあたり、予め断っておくことが3点ある。まずは、転写である。小倉進平(1944)の転写は必ずしも現在の学会で一般に用いられる記号とは限らないため、本論は【表1】のように転写する。次に、所謂「無表記の濃音」(福井玲 2016: 50) である。小倉進平(1944)には語中で濃音が予想されるにもかかわらず声門閉鎖音の記号が欠落していると思われる表記が時折見られる。本論はそのような場合は声門閉鎖音を補って表記する[11]。最後に、各方言資料での転写法の違いである。韓國精神文化研究院(1987–1995)所載資料の方が小倉進平(1944)より精密に記録される感があり、具体的には方言ごとの母音の音色の違いを反映して記録されるが、本論では小倉進平(1944)所載資料に合わせ【表1】のように転写する。理由は、本論が小倉進平(1944)と韓國精神文化研究院(1987–1995)及び金英培(1977)の調査年代の差を通じ1900年代の前半から後半に起きたㅚとㅟの音変化の分析を目的とし、小

---

11) 小倉進平(1944)の朝鮮語の転写方法と音声表記に関する注意事項については，福井玲(2016: 46–51)を参照されたい。そこでは，母音 (ㅇ, 어, ㆍ等の発音), 音節境界, 長母音, 子音 (濃音表記, 시, 게と계等の発音の違い) 等を論ずる。

倉進平(1944)を分析の始点とするためである。

3. 結 果

　母音ㅚについては、【表 2.1】に小倉進平(1944)における分析対象の調査項目とその語形一覧を、【表2.2】に韓國精神文化研究院(1987–1995)と金英培(1977)における分析対象の調査項目とその語形一覧を示す。【表2.1】で灰色に塗られた語形は、ㅚの発音を分析するには相応しくないので、分析対象から除外し、【表2.2】ではㅚの発音を分析するのに相応しい語形のみを示す。【表3.1～6】は、ㅚの音色とその地域差を項目ごとに整理した表である。「小」は小倉進平(1944)所載資料に該当する音色があることを、「韓」は韓國精神文化研究院(1987–1995)所載資料に該当する音色があることを、「金」は金英培(1977)所載資料に該当する音色があることを示す。【図1.1～6】は、小倉進平(1944)の母音ㅚの音色に関する言語地図である。【図2.1～6】は、韓國精神文化研究院(1987–1995)と金英培(1977)のㅚの音色に関する言語地図である。

　母音ㅟについては、【表 4.1】に小倉進平(1944)における分析対象の調査項目とその語形一覧を、【表4.2】に韓國精神文化研究院(1987–1995)と金英培(1977)における分析対象の調査項目とその語形一覧を示す。【表4.1】で灰色に塗られた語形は、ㅟの発音を分析するには相応しくないので、分析対象から除外し、【表4.2】ではㅟの発音を分析するのに相応しい語形のみを示す。【表5.1～3】は、ㅟの音色とその地域差を項目ごとに整理した表である。表中の「小」「韓」「金」は、【表3.1～6】の場合と同様の意味である。【図1.7～9】は小倉進平(1944)の母音ㅟの音色に関する言語地図、【図2.7～9】は韓國精神文化研究院(1987–1995)と金英培(1977)のㅟの音色に関する言語地図である。

【表 2.1】母音ㅚに関する小倉進平(1944)の調査項目とその語形一覧

	該当項目	語形
1	外	i, e, ɛ, ø, wi, we, wɛ
2	鉄・金	(1) si, se, sɛ, sø, swe, swɛ 【sø 系】
		(2) ˀsi, ˀse, ˀsɛ, ˀswi, ˀswe, ˀswɛ 【ˀsø 系】
		(3) swe-ˀkat, swe-ˀkɔt, swe-ˀkop, sø-ˀkop 【sø-ˀkop 系】
3	回答	hi-dap, he-dap, hɛ-dap, hø-dap, hwi-dap, hjo-dap, hwe-dap, hwɛ-dap
4	麻布	pi, pe, pɛ, pø, pwe
5	山・墓	(1) mi, me, met, mɛ, mɛt, mø, mo-i 【mø 系】
		(2) me-ˀtɔŋ, me-ˀtoŋ, mɛ-ˀtɔŋ, mɛ-ˀtoŋ, mø-ˀtoŋ 【mø-ˀtoŋ 系】
		(3) kak-kɨm, ˀkak-kɨm 【ˀkak-kɨm 系】
6	黃瓜	(1) i, e, ɛ, ø, wi, we, wɛ, o-i, u-i 【o-i 系】
		(2) mu-ri, mu-re, mu-rɛ, mu-rø, mu-rwi, mu-rwe 【mu-rø 系】

【表 2.2】母音ㅚに関する韓國精神文化研究院(1987–1995)と金英培(1977)の調査項目とその語形一覧

	該当項目	語形
1	外国	(1) i:-guk, e-guk, ɛ-guk, ɛ:-guk, ø-guk, ø:-guk, wi:-guk, we-guk, we:-guk, wɛ-guk, wɛ:-guk, oj-guk 【ø-guk 系】
2	鉄・金	(1) si, se, sɛ, sø, sø:, swi, swɛ 【sø 系】
		(2) ˀsi, ˀse, ˀsø, ˀswi, ˀswe, ˀswɛ 【ˀsø 系】
		(3) si-ˀkot, sɛ-ˀkot, sø-ˀkeŋ-i, sø-ˀkop, sø-ˀkot, swi-ˀkot, swɛ-ˀkot, swɛ-ˀkop 【sø-ˀkop 系】
		(4) ˀsø-ˀkot 【ˀsø-ˀkop 系】
3	蛔虫	(1) hi, hɛ, hø, hø:, hwi, hwe, hwe:, hoj 【hø 系】
		(2) he-tʃʰuŋ, hɛ-tʃʰuŋ, hø-tʃʰuŋ, hwi-tʃʰaŋ, hwi-tʃʰuŋ, hwe-tʃʰuŋ, hwɛ-bɔl-gɔ-dʒi, hwɛ-tʃʰuŋ 【hø-tʃʰuŋ 系】
4	麻布	pi, pe, pɛ, pjɔ
5	山・墓	(1) mi:, me, me:, mɛ:, mo, mo:, mø, mø:, mwe, mwɛ, mwɛ:, mɔ-i, mo-i, mo:-i, mu-i, mu:-i, mu-ɔ-i, mwɔ-i, mwɔ:-i 【mø 系】
		(2) mi-ˀtuŋ, mi-ˀtiŋ, mi:t, me-ˀtiŋ, me-ˀtɔŋ, met, mɛ-ˀtoŋ, mɛ:-ˀtoŋ, mɛ-ˀtuŋ, mɛ:-ˀtuŋ, mɛ-ˀtiŋ, mɛt, mɛ:t, mø-ˀtoŋ, mø-ˀtuŋ, mø-ˀtiŋ, møt 【mø-ˀtoŋ 系】
6	黃瓜	(1) ø, ø:, wi:, we, wɛ:, o-i, o:-i, u-i 【o-i 系】
		(2) mu-ri, mu-re, mu-rɛ, mu-rø, mu:-rø, mu-rwi, mu-rwe, mul-rwe, mu-rwɛ, mu-rwɛ:, mul-rwɛ, mu-ro-i 【mu-rø 系】

【表 3.1】外（外国）

	済州	全南	全北	慶南	慶北	忠南	忠北	京畿	江原	黄海	咸南	咸北	平南	平北
i				小	小韓									
e		小		小韓		小	小		小	小		小		
ε				小韓	小韓						小	小	小	
ø		小韓	小韓	韓		小韓	小韓	小韓	小韓	小	小	小	小	小
wi				小	小韓									
we	小韓	小		小韓	小韓	小	小	小韓	小		小			
wε		韓		小	小韓						小		小	
oj					韓									

【表 3.2】鉄・金

	済州	全南	全北	慶南	慶北	忠南	忠北	京畿	江原	黄海	咸南	咸北	平南	平北
i				小韓	小韓									
e		小		小韓		韓		韓		小				
ε				小韓	小韓									
ø		小韓	小韓			小韓	小韓	小韓	小韓	小	小		小	
wi				小韓	韓									
we		小	小	小韓	小		小	小	小					
wε		韓			韓			韓					小	

【表 3.3】回答（蛔虫）

	済州	全南	全北	慶南	慶北	忠南	忠北	京畿	江原	黄海	咸南	咸北	平南	平北
i				小	小韓									
e	小	小		小韓	小	小	小		小		小			
ε		小		小韓	小					小	小	小	小	
ø		小韓	小韓	韓	小	小韓	小韓	小韓	小	小	小	小		
jo		小	小											
wi				小	小韓	韓								
we				小	小		小韓	小韓	小		小			
wε		韓		小	小韓		韓				小		小	
oj					韓									

【表 3.4】麻布

	済州	全南	全北	慶南	慶北	忠南	忠北	京畿	江原	黄海	咸南	咸北	平南	平北
i				小韓	小韓									
e	小韓	小	小韓	小韓	小韓	小韓	小韓	小韓	小	小		小		
ε		小韓	小韓	小韓	小韓					小	小	小	小	
ø										小	小	小		
jɔ						韓								
wε											小			

【表3.5】山・墓

	済州	全南	全北	慶南	慶北	忠南	忠北	京畿	江原	黄海	咸南	咸北	平南	平北
i			韓	小韓	小韓		小韓		小韓	小				
e	小	小韓	小	小韓				小韓	小韓	小韓			金	小金
ɛ		小韓		小韓	韓									
o				韓	韓									
ø		韓	小韓			小韓	小韓	小韓	小韓	小		小		
wɜ					韓								金	金
ɔ-i														金
o-i				韓	韓	小韓	小韓	小韓	韓					
u-i						韓			韓					
i-ɜw							韓							

【表3.6】黄瓜

	済州	全南	全北	慶南	慶北	忠南	忠北	京畿	江原	黄海	咸南	咸北	平南	平北
i				小韓	小韓	小						小		
e				小韓								小		
ɛ				小韓	韓						小	小		
ø		小韓	小韓	韓		小韓	小韓	小韓	小					
wi				小	小韓				小					
we	小韓	小		小韓	小	小			小		小			
wɜ	韓				小韓							小		小
o-i	韓	韓	韓	韓	韓	小韓	小韓	韓	小					小
u-i						小韓								

4. 考察

　小倉進平(1944)所載資料が調査された20世紀前半と、韓國精神文化研究院(1987–1995)と金英培(1977)所載資料が調査された20世紀後半の間の、母音ㅚとㅟの音変化を考察する。【表3.1～6】【表5.1～3】は各資料で少なくとも1地点で該当発音が観察されることを表し、【図1.1～9】【図2.1～9】からは発音の分布の傾向が確かめられる。なお、各方言資料の比較により音変化を考察するためには、小倉進平(1944)と、韓國精神文化研究院(1987–1995)または金英培(1977)の両資料で当該地域について調査されていなければならない。従って、「外（外国）」「鉄・金」「回答（蛔虫）」「麻布」「黄瓜」は済州・全南・全北・慶南・慶北・忠南・忠北・京畿・江原を対象に、「山・墓」「耳輪（耳）」「蝙蝠」はそれらに平南・平北を加えた地域を対象に考察する。

【表 4.1】母音ㅟに関する小倉進平(1944)の調査項目とその語形一覧

	該当項目	語形
1	耳輪	(1) ki-go-ri, kwi-go-ri, kwi-ˀko-ri, kwi-ˀkol-li, kwi-sa-sil, kwi-jɔŋ-dʒi, kwiŋ-dʒi, kweŋ-i【kwi-go-ri 系】
		(2) wɔl-gi-tʰan, wɔl-gi-tʰan, wɔl-ge-tʰaŋ, wɔl-gu-tʰa【wɔl-gi-tʰaŋ 系】
		(3) tʰa-nɛ【tʰa-nɛ 系】
2	糊刷毛	(1) ki-bal, kwi-al, kwi-jɔl, kwi-bal, kwe-al, kwɛ-al, kwɛ:l, kø-al, kø-wal【kwi-al 系】
		(2) pʰul-ˀki-al, pʰul-ˀki-a-ri, pʰuˀki-bal, pʰul-ˀki-bal, pʰul-ˀke-bal, pʰul-ˀko-bal, pʰul-ˀku-bal, pʰul-ˀkwi-al, pʰul-ˀkwi-bal【pʰul-ˀkwi-al 系】
		(3) pʰul-sal, pʰul-sol, pʰul-ˀsa-dʒi, pʰul-ˀsa-dʒa【pʰul-sal 系】
		(4) pi-jal, pʰul-ˀpi【pʰul-ˀpi 系】
		(5) pʰu mo-si【pʰul-mo-si 系】
3	蝙蝠	(1) pak-ˀtʃu-gi, pok-ˀtʃu, pok-ˀtʃwi, pak-ˀtʃwi【pak-tʃwi 系】
		(2) ˀpak-ˀtʃi, ˀpal-ˀtʃi, ˀpok-ˀtʃi, ˀpol-ˀtʃi, ˀpak-ˀtʃwi, ˀpal-ˀtʃwi, ˀpok-ˀtʃwi, ˀpol-ˀtʃwi, ˀpak-ˀtʃu, ˀpal-ˀtʃu, ˀpok-ˀtʃu【ˀpak-ˀtʃwi 系】
		(3) tʌ-ram-ˀtʃwi【tʌ-ram-ˀtʃwi 系】

【表 4.2】母音ㅟに関する韓國精神文化研究院(1987–1995)と金英培(1977)の調査項目とその語形一覧

	該当項目	語形
1	耳	(1) ki, ki:, ky, ky:, kwi, kwi:, ku-i【ky 系】
		(2) ki-ˀtɛ-gi, ku-ˀtɛ-gi, ky-ˀtɛ-gi, kwi-ˀtɛ-gi【ky-ˀtɛ-gi 系】
2	糊刷毛	(1) ky-al, ky-a-ri, ky-al-bi, ky-bal, ky-jal, kø:-al, kwi-al, kwe-al, kwe:-al, kyj-al【ky-al 系】
		(2) pʰul-gi-jal, pʰul-ˀki-al, pʰul-ˀki-jal, pʰul-ˀke-ul, pʰul-ˀku-jal, pʰul-gy-jal, pʰul-ˀky-al, pʰul-ˀky-jal, pʰul-ˀkø:l, pʰul-gjɔl, pʰul-ˀkjɔl, pʰul-ˀkjɔ-ul【pʰul-ˀky-al 系】
3	蝙蝠	(1) pak-ˀtʃi, pa:k-ˀtʃi, pam-ˀtʃi, pa:l-ˀtʃi, pak-ˀtʃy, pa:k-ˀtʃy, po:k-ˀtʃy, pa:k-ˀtʃy-gi, pa:k-ˀtʃy-sɛ, pøk-ˀtʃy, pa:l-dʒwi, pak-ˀtʃwi, pa:k-ˀtʃwi, pa:l-ˀtʃwi, po:l-dʒwi【pak-tʃy 系】
		(2) ˀpak-ˀtʃi, ˀpal-dʒi, ˀpa:l-dʒi, ˀpa:l-ˀtʃi, ˀpok-ˀtʃi, ˀpol-dʒi, ˀpo:l-dʒi, ˀpol-ˀtʃi, ˀpol-ˀtʃi-sɛ, ˀpo:l-ˀtʃi, ˀpal-ˀtʃu, ˀpa:l-ˀtʃu, ˀpak-ˀtʃy, ˀpa:k-ˀtʃy, ˀpa:l-dʒy, ˀpol-ˀtʃy, ˀpok-ˀtʃy, ˀpo:k-ˀtʃy, ˀpak-ˀtʃwi, ˀpa:k-ˀtʃwi, ˀpal-dʒwi, ˀpa:l-dʒwi, ˀpa:l-ˀtʃwi, ˀpol-dʒwi, ˀpo:l-ˀtʃwi【ˀpak-ˀtʃy 系】
		(3) tʌ-ram-dʒi, tʌ-ram-dʒwi【tʌ-ram-dʒwi 系】

【表5.1】耳輪（耳）

	済州	全南	全北	慶南	慶北	忠南	忠北	京畿	江原	黄海	咸南	咸北	平南	平北
i				小韓	小韓		韓							
u													金	金
y		韓	韓	韓		韓	韓	韓	韓					
wi	小韓	小韓	小	小韓	小韓	小韓	韓	小韓	小韓	小			小金	小金
we									小					
uj						韓	韓							

【表5.2】糊刷毛

	済州	全南	全北	慶南	慶北	忠南	忠北	京畿	江原	黄海	咸南	咸北	平南	平北
i				小韓	小	韓	小韓				小	小		
e								韓				小		
o												小		
u				小	韓									
y			韓		韓	韓	韓	韓	韓					
ø			小				韓		韓					
jɔ							韓	韓						
wi	小	小	小		小韓		小	韓	小	小	小	小		
we						小韓								
wɛ		小							小					
yj							韓							

【表5.3】蝙蝠

	済州	全南	全北	慶南	慶北	忠南	忠北	京畿	江原	黄海	咸南	咸北	平南	平北
i	韓			小韓	小韓	韓								
u		小	小					小	小韓	小	小			金
y		韓	韓		韓	韓	韓	韓	韓					
wi	小韓	小	小	小韓	小韓	小韓	小韓	小韓	小韓	小	小		金	金

4.1. ㅟの音変化

　まず、全南の一部と忠北では we (e) ＞ ø が確認できる（図 1.1～3、1.6、2.1～3、2.6）。但し、韓國精神文化研究院(1987–1995) では「外国（외국）」を「倭国（왜국）」との対比で調査しており、ㅟとㅙを区別しようとするとㅟが単母音で現れる傾向を示唆する可能性や、調査項目の違い、即ち「外」は「～の外」のように接辞的に用いられ易い等の出現環境の違いが関与する可能性等を考え得る。we (e) ＞ ø のような変化を先行研究の見解に照射すると、oi ＞ we ＞ ø の過程の一部、または oi ＞ ø ＞ we ＞ ø の過程の一部と解釈することができると考える。

　次に、韓國精神文化研究院(1987–1995)所載資料では、済州や慶南等の

一部の地域を除き、長母音や o-i、oj が確認できる項目がある（図 2.1、2.5、2.6）。こうした発音は「外国」「山・墓」「黄瓜」に見られ、中世語の上声に由来すると考えられる。よって、母音ㅢの長さが短母音から長母音に変化したと解釈するのではなく、小倉進平(1944)所載資料ではㅢに関して長短の区別を精密に記述しておらず、韓國精神文化研究院(1987–1995)で長母音が観察される地域では小倉進平(1944)調査時においても長母音を有していたと解釈するのが穏当である。

　最後に、全南の一部と忠北に見られる we(e) ＞ ø のような変化以外に、顕著な音変化を観察することができない。このことは、方言資料の調査時期の差異（20世紀前半から後半）の間に発音が変化していない（維持されている）ことを示唆する。

　なお、「山・墓」には平南・平北のデータが見られるが、小倉進平(1944)の調査地点が限定されており、この地域について考察することは難しい。

4.2. ㅟの音変化

　まず、韓國精神文化研究院(1987–1995)には小倉進平(1944)で確認できない y が全南・全北・慶南・慶北・忠南・忠北・京畿・江原に分布する（表 5.1~3、図 2.7~9）。小倉進平(1944)所載資料では単母音 y が記録されていないようである。y に関するこうした両資料の違いは、拙稿(2019)で述べたように、小倉進平(1944)では y と wi の音色の違いを精密には既述し分けず wi で記録した可能性（この場合は、小倉進平(1944)調査時においても当該地域では y が確認されたと考え得る）や、確かに小倉進平(1944)調査時は wi であり、その後 wi ＞ y のように変化した可能性を示唆する。wi ＞ y のような変化を先行研究の見解に照射すると、ui ＞ wi ＞ y の過程の一部、または ui ＞ y ＞ wi ＞ y の過程の一部と解釈することができると考える。

　次に、済州や慶南・慶北等の一部では wi ＞ i のような変化が、平南・平北の一部では wi ＞ u のような変化が確認できる（図 1.7、1.9、2.7、2.9）。wi の w が脱落するか、i が脱落するかで対照的である。

　最後に、上述の y の問題と wi ＞ i や wi ＞ u 以外の点では、顕著な音変化を観察することができない。このことは、方言資料の調査時期の差異（20世紀前半から後半）の間に発音が変化していない（維持されてい

る）ことを示唆する。

4.3. 個別的な変化

「回答」では変異音(h)jɔが、「蛔虫」では変異音(h)ojが見られる地域がある（表3.3、図1.3、2.3）。これらは、漢字音の変異音、「外」等のㅚの発音の影響、文字通りに読み上げた発音（oj）等と考えられる。

「麻布」では京畿道で変異音(p)jɔが見られる（表3.4、図2.4）。これは、pe > pjɔ（地域的な変化）、*po-i > *pɔ-i > pjɔ（o 非円唇化と母音連続の二重母音化）、mu-mjɔŋ（木綿）等の語形からの影響等によるものと推察する。

「山・墓」では京畿道・江原道に変異音(m)ɔ-i等が見られる（表3.5、図2.5）。これは、mo-i > mɔ-i（o 非円唇化）のような変化が想定される。mwɔ-i等の語形は、頭子音の影響によりwが挿入されたものと思われる。

「黄瓜」ではo-iが済州・全南・全北・慶南・慶北等へ使用地域が拡大している（表3.6、図1.6、2.6）。現在の韓国の標準語形o-iが20世紀前半から後半にかけ浸透する過程を示唆する。

「耳」では忠南・忠北に(k)ujが見られる（表5.1、図2.7）。これは、小倉進平(1944)所載資料の「山・墓」で忠南・忠北に(m)o-iが見られる（表3.5、図1.5）ように、発音の地域的特徴と言えるだろう。

「糊刷毛」では変異音(ʔk)jɔ(l)、(g)jɔ(l)、(k)yjなどが見られる地域がある（表4.2、図1.8、2.8）。ʔkjɔlやgjɔl等は第二音節に見られ、ky-alやkwi-al等の縮約形である可能性が考えられる。kyjはu-iの単母音化の際にjとしてiの発音が残った可能性や、ky-jal等の語形でjが第一音節に取り込まれ発音された可能性等が考えられる。

5. 結論

ㅚやㅟの音変化は全道的に均一である根拠はなく、各方言で異なり得るという立場から、20世紀前半と後半に調査された、調査年代の異なる方言資料を通じ、ㅚとㅟの音変化を考察した。分析に際し、小倉進平(1944)と、韓國精神文化研究院(1987–1995)と金英培(1977)の調査時期の差に着目し音変化を考察した点が、既存の研究には見られない本論の研究方法の特色である。その結果、母音ㅚについては、全南の一部や忠北で

we ＞ ø の音変化が確認される等の知見を、母音ㅟについては、済州や慶南・慶北等の一部で wi ＞ i、平南・平北の一部で wi ＞ u のような音変化が見られる等の知見を得た。また、このような音変化が見られない多くの地点では発音が維持されていることを示した。こうした知見は、ㅚやㅟの音変化に関する数ある論考に対する一貢献である。本論のような研究は、近年活発に議論されている 20 世紀前後の言語変化に関する研究に対しても示唆するところがあると考える。

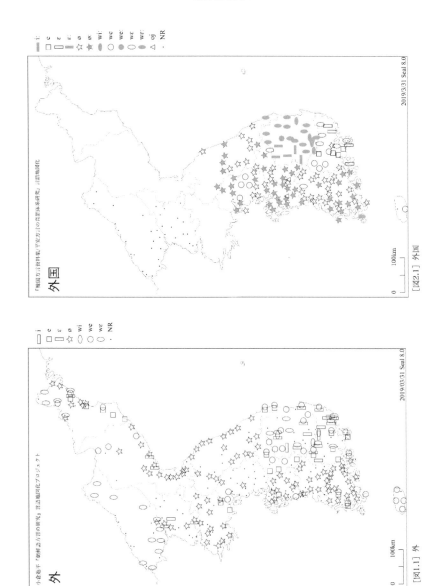

【図 1.1】外(下)・【図 2.1】外国(上)

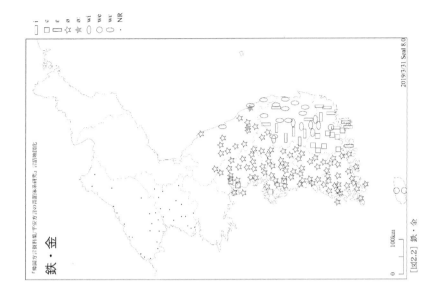
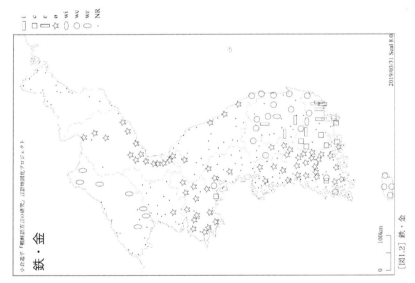

【図1.2】鉄・金（下）・【図2.2】鉄・金（上）

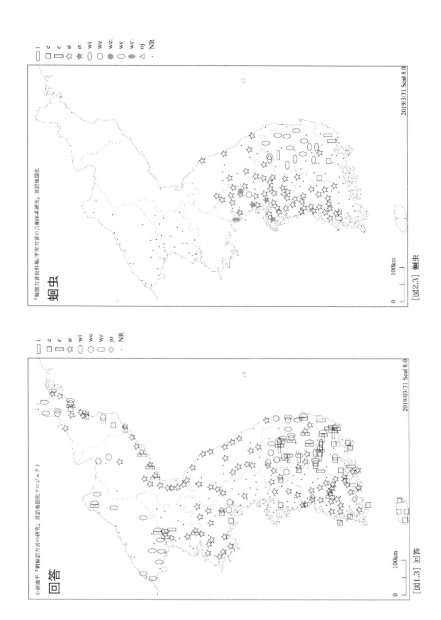

【図1.3】回答（下）・【図2.3】蛔虫（上）

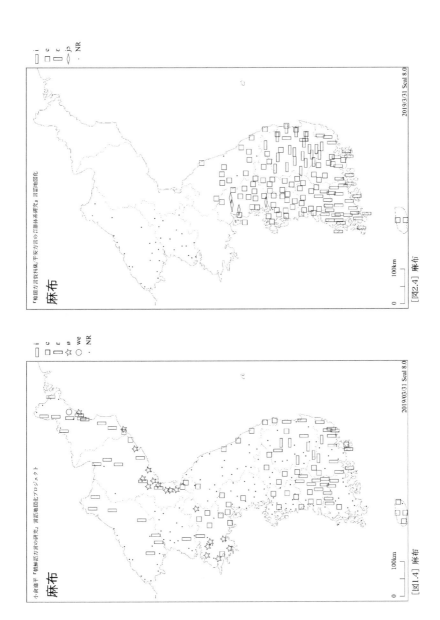

【図1.4】麻布（下）・【図2.4】麻布（上）

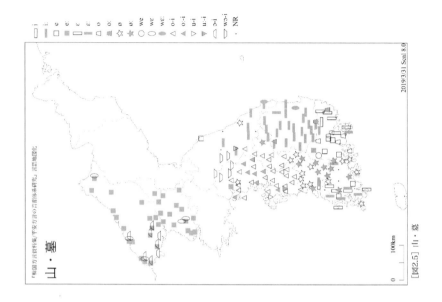

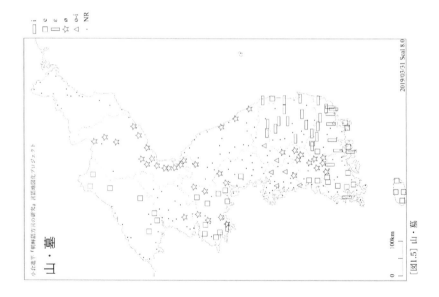

【図1.5】山・墓（下）・【図2.5】山・墓（上）

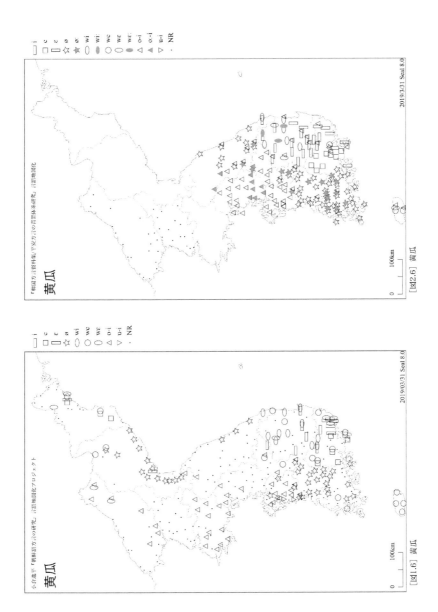

【図1.6】黄瓜（下）・【図2.6】黄瓜（上）

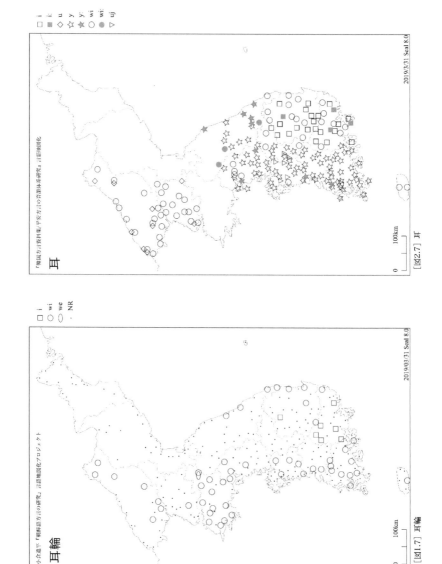

【図 1.7】耳輪(下)・【図 2.7】耳(上)

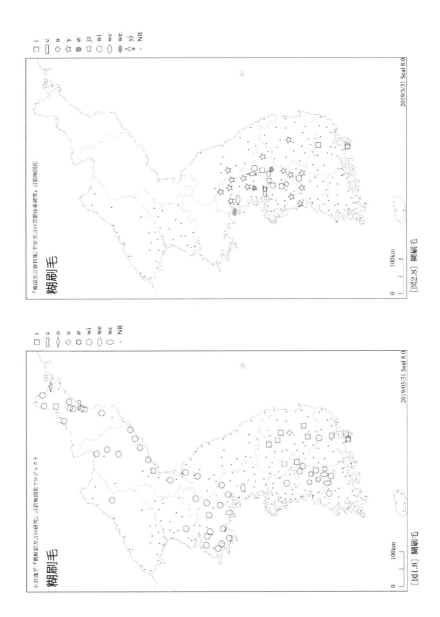

【図1.8】糊刷毛（下）・【図2.8】糊刷毛（上）

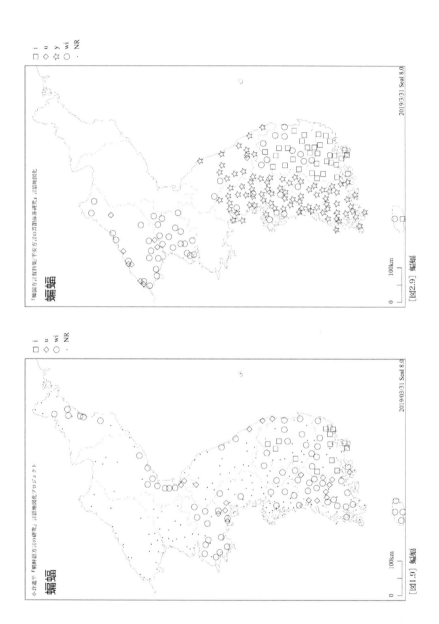

【図1.9】蝙蝠（下）・【図2.9】蝙蝠（上）

参考文献

岩井亮雄(2017) 韓国語の母音 ø の音色の地域差について―小倉進平著『朝鮮語方言の研究』所載資料を活用して―.『東京大学言語学論集』38: 87–99. 東京大学言語学研究室.

岩井亮雄(2018)外.『小倉進平『朝鮮語方言の研究』所載資料による言語地図とその解釈』2: 9–12. 東京大学韓国朝鮮文化研究室.

岩井亮雄(2019) 言語地図に依る現代韓国語 /ㅔ/ 音小考―小倉進平『朝鮮語方言の研究』所載資料を中心に―.『韓国朝鮮文化研究』18: 91–111. 東京大学韓国朝鮮文化研究室.

小倉進平(1944)『朝鮮語方言の研究』上下 2 巻. 東京：岩波書店.

朱林彬(2016)『韓国語語彙史研究―小倉進平の方言調査に基づいて』東京大学大学院人文社会系研究科修士論文. 東京大学韓国朝鮮文化研究室.

中井精一(2007)『朝鮮半島言語地図』平成 18 年度科学研究費（基盤研究(B)(1)）日本海沿岸社会の地域特性と言語に関する類型論的研究. 富山大学日本語学研究室.

福井玲(2016) 小倉進平の朝鮮語方言調査について―『朝鮮語方言の研究』所載資料の活用のために―.『東京大学言語学論集』37: 41–70. 東京大学言語学研究室.

福井玲編(2017)『小倉進平『朝鮮語方言の研究』所載資料による言語地図とその解釈』1. 東京大学韓国朝鮮文化研究室.

福井玲編(2018)『小倉進平『朝鮮語方言の研究』所載資料による言語地図とその解釈』2. 東京大学韓国朝鮮文化研究室.

곽충구(2003) 현대국어의 모음체계와 그 변화의 방향.『國語學』41: 59–91. 國語學會.

金敏洙・河東鎬・高永根編(1979)『歷代韓國文法大系』2(5). 서울：塔出版社.

김봉국(2006) 개화기 이후 국어의 '위, 외' 음가와 그 변화.『李秉根先生 退任紀念 國語學論叢』155–191. 파주：태학사.（정승철・정인호 공편(2010: 329–363)再錄）

金英培(1977)『平安方言의 音韻體系研究』東國大學校 韓國學研究叢書

第 11 輯. 서울 : 東國大學校 韓國學硏究所.
김한별(2017) 안동 지역 반촌어의 음운 변화―후기근대 문헌자료와 현대 음성자료 간의 실재시간 연구―. 『國語學』 84: 185–232. 國語學會.
李秉根(1973) 東海岸方言의 二重母音에 대하여.『震檀學報』36: 133–147. 震檀學會.
이익섭・전광현・이광호・이병근・최명옥(2008)『한국언어지도』 파주 : 태학사.
정승철・정인호 공편(2010)『이중모음』 파주 : 태학사.
鄭仁浩(2004) 下降 二重母音과 浮動 二重母音의 音變化.『語文硏究』32(2): 119–143. 韓國語文敎育硏究會. (정승철・정인호 공편(2010: 305–327)再錄)
鄭仁浩(2013) 하강이중모음 '외' 의 變化와 方言 分化.『방언학』18: 147–170. 한국방언학회.
崔明玉(1982)『月城地域語의 音韻論』 慶北 : 嶺南大學校出版部.
최성규(2013)남북한 방언에 나타난 'ㅚ, ㅟ'의 변화.『방언학』 18: 171–194, 한국방언학회.
崔銓承(1987) 二重母音 '외', '위'의 단모음화 과정과 母音體系의 변화. 『語學』14: 19–48. 全北大學校 語學硏究所. (최전승(1995: 359–395)再錄)
최전승(1995)『한국어 方言史 연구』 파주 : 태학사.
韓國精神文化硏究院(1987–1995)『韓國方言資料集』全 9 卷. 城南 : 韓國精神文化硏究院.
韓成愚(2005)『普通學校 朝鮮語讀本』音聲資料에 대한 음운론적 연구. 『語文硏究』33(3): 29–58. 韓國語文敎育硏究會.
한영균(1995) 'ㅚ, ㅟ'의 단모음화와 방언분화―강원도 방언의 경우―. 『國語史와 借字表記』 817–846. 파주 : 太學社.
Ramstedt, Gustaf John(1939) Remarks on the Korean language. *Mémoires de la Société Finno-ougrienne* LVIII: 441–453. Helsinki : Suomalais-Ugrilainen Seura. (金敏洙外編(1979)再錄)

【要旨】

方言資料を通して見た母音ㅚとㅟの発音の変化

岩井　亮雄

　本論は、20世紀に発行された方言資料の調査時期の差異に着目すると20世紀の前半から後半に至るㅚとㅟの音変化が考察できるかを論じる試論である。

　分析の結果は次のとおりである。母音ㅚについては全南の一部や忠北でwe＞øの音変化が確認される等の知見を、母音ㅟについては済州や慶南・慶北等の一部でwi＞i、平南・平北の一部でwi＞uのような音変化が見られる等の知見を得、このような音変化が見られない多くの地点では発音が維持されていることを示した。

【キーワード】ㅚ，ㅟ，母音，方言，音変化，方言資料，言語地図，『朝鮮語方言の研究』，『韓國方言資料集』

記憶指示のユ・저についての一考察
―点的記憶指示・線的記憶指示という観点から―

河 正 一 (は・じょんいる)・金井 勇人 (かない・はやと)

1. はじめに

저による記憶指示[1]は、「百科事典的知識であり、具体的には歴史上有名な人物や文化遺産に関する知識（金2006:108）」を指す、とされる。

(1a) 저 빛나는 백제 문화！（金2006:108）
    (あの輝かしい百済の文化)
(2a) 저 씨저같은 영웅도 여자에는 약했다네.（柳濟糲1984:17）
    (あのシーザーみたいな英雄も女には弱かったんだね)

しかし(1a)(2a)の저は、ユに置き換えることができる。

(1b) 그 빛나는 백제 문화！
    (あの輝かしい百済の文化)
(2b) 그 씨저같은 영웅도 여자에는 약했다네.
    (あのシーザーみたいな英雄も女には弱かったんだね)

つまり、記憶指示には、ユ・저のどちらを用いることもできる。
本稿では、指示者本人が"同時代的に経験した"事物を指すとき、その対象を「個人的対象」と呼ぶ。これに対して、指示者本人が"同時代的に経験していない"過去の歴史的文脈における事物を指すとき、その対象を「歴史的対象」と呼ぶ。
この定義を用いて、先行研究における両者の使い分けを整理すると、概略、以下のようになる。

---

[1] 記憶内にある対象を指す用法について、장경희(1980)では「상념적 지시（想念的指示）」、박영환(1990)では「개념 지시（概念指示）」、신지연(1995)では「상맥 지시（想脈指示）」、金(2006)では「観念指示」と呼んでいる。それぞれの定義に若干の異同は認められるが、本稿では「記憶指示」という術語に統一する。

- 그による記憶指示：客観的。主に個人的対象を指す。
- 저による記憶指示：主観的。主に歴史的対象を指す。

一方、河・金井(2017)は、(1ab)(2ab)のような記憶指示について次のように説明している。
- 그は、記憶内の対象を単に外延的に指す。
- 저は、何らかの感情（例えば「歴史に対する感慨」など）を喚起しながら、記憶内の対象を指す（捉え直す）。

本稿では、この考察をさらに深化させていく。具体的には、指示対象の2分類（個人的対象／歴史的対象）、および指示方法の2分類（그による点的記憶指示／저による線的記憶指示）を議論の土台として、그・저による記憶指示を統一的に説明していく。

2. 先行研究
2.1. 김일웅(1982)

김일웅(1982:74)によると、「聞き手が対象を知っていること」についての話し手（指示者）の認識の程度が選択の基準になる、という。

- 「聞き手が対象を知っていること」を、話し手が単なる知識として認識しているレベルである場合は그。
- 「聞き手が対象を知っていること」を、話し手が強い確信を以って認識しているレベルである場合は저。

(3a) 사고를 당한 가족들의 그 애달픈 마음（김일웅1982:74）
　　（事故に遭った家族達のあの切ない気持ち）
(3b) 사고를 당한 가족들의 저 애달픈 마음（김일웅1982:74）
　　（事故に遭った家族達のあの切ない気持ち）

(3ab)の話し手は、聞き手が「あの切ない気持ちを知っている」と認識している。ただし(3b)では、さらに、聞き手が「あの切ない気持ちを知らないはずがない」といった話し手の強い気持ちが込められている、という。しかし、この定義では、次のような事例が説明できない。

(4a) 그 뭐더라? 그 뭐 있잖아. (김일웅1982:74)
　　 (あれなんだっけ。あれなんかあるじゃない)
(4b) 저 뭐더라? 그 뭐 있잖아. (김일웅1982:74)
　　 (あれなんだっけ。あれなんかあるじゃない)

(4ab)は、第1文が独り言、第2文が聞き手に問いかける発話である。ここで第1文について注目すると、これは独り言であるから、聞き手の記憶とは無関係に、ユか저かが選ばれている。
　つまり、聞き手の記憶を前提とする김일웅(1982)の定義では、独り言におけるユと저の使い分けが説明できない。
　しかし、独り言における使用においてこそ、指示詞の本質が見られると考えられる。なぜなら、聞き手の存在の有無に影響されない独り言では、語用論的な要因が排除されているからである（黒田1979参照）。

2.2. 柳濟權(1984)

　柳濟權(1984:17-18)は、記憶指示におけるユと저の相違について、次のように述べている。

(5) ユ系列は対象に関する話し手・聞き手の単なる共有記憶を踏まえているのに対し、저は対象の名称が他の同類を連想させるに足るほど強い共有記憶物であることを要求する。（柳濟權1984:17）

この定義をもとに、以下の3文が検討されている。

(6a) 그/*저 강인한 사람도 여자에는 약하군.
　　 (あの強靭な人も女には弱いんだな)
(6b) *그/저 씨저같은 영웅도 여자에는 약했다네.[2]
　　 (あのシーザーみたいな人も女には弱かったんだね)
(6c) 그/저 용맹했던 장군도 여자에 약하더군.
　　 (あの勇敢だった将軍も女に弱かったんだね)

---

2) (6b)の構造は [[저 씨저] 같은 영웅] であり、저は直接的には씨저を修飾する。

(6a)の「強靭な人物」は、話し手と聞き手の共有記憶であるに過ぎないので、ユが選ばれるという。

これに対して(6b)の「シーザー」は、「話し手・聞き手にはもとより社会的によく知られている、該当方面（人物）の典型（同:18）」として捉えられているため、저が選ばれる（このとき「シーザー」は「英雄」の典型である）という。

一方、(6c)では、「将軍」をどう解釈するかで、ユと저の選択が揺れる。単に話し手と聞き手の共有記憶としての「将軍」ならばユが、誰もが知っている有名な「将軍」ならば저が、それぞれ適切になるという。

この定義では、김일웅(1982)と同じく、聞き手の記憶が前提となっている。しかし(6abc)の発話も（文末の終結語尾がなければ）独り言として成立するから、やはり独り言における使い分けが説明できない。

また、「社会的によく知られている、該当方面（人物）の典型」を指すという定義では、個人的対象を指す저（後述）が説明できない。個人的対象は、必ずしも社会的に知られているわけではない。この指摘は、冒頭に見た金(2006:108)の定義にも、同様に当てはまるだろう。

3. 分析
3.1. 個人的対象についての記憶指示
3.1.1. 저による線的記憶指示

以下の2文（再掲）では、先行詞の「切ない気持ち」を、ユあるいは저で指している。

(3a) 사고를 당한 가족들의 그 애달픈 마음
　　（事故に遭った家族達のあの切ない気持ち）
(3b) 사고를 당한 가족들의 저 애달픈 마음
　　（事故に遭った家族達のあの切ない気持ち）

ここで、まず「事故に遭った」時点を「10年前」と設定する。

(3c) 10년전, 화학공장에서 대규모 사고가 일어나서 종업원이 사망했

다. 사고를 당한 가족들의 그/저 애달픈 마음을 생각하면 안타
깝다. (第1文は作例)
(10年前、化学工場で大規模な事故が起こり、従業員が死亡した。
事故に遭った家族達のあの切ない気持ちを思うと、いたたまれな
い)

(3c)について、指示者と指示対象との関係を時系列的に見ていくと、
　①《当時の指示対象》(＝事故当時の気持ち) を認識する。
　②その認識が記憶に定着する。
　③その記憶について、当時から現在に至る10年間の《時間の経過》
　　において、あれこれ思いを巡らす。
という段階を踏んでいることが分かる。
　저による記憶指示では、《当時の指示対象》だけでなく、その後に続く
《時間の経過》も焦点化されるのだと考えられる。このとき、焦点化の範
囲が過去から現在へと"時間的な線"を成すことから、このような指示を
「線的記憶指示」と呼ぶことにする。3)

(7) 個人的対象を指す저
　　　(線的記憶指示)

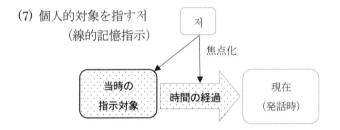

저による線的記憶指示では、《時間の経過》において抱いた感情が喚起さ
れる。つまり、10年前から知っていて、10年間にわたって思いを巡らせ
てきた、そのような対象としての「家族達の切ない気持ち」に対して、
「いたたまれない」わけである。このような経緯のため、저による線的記

---

3) (3c)では、(客観的に指したいといった) 発話意図であれば、ユで指すことも可能であ
る。その場合は、《当時の指示対象》のみを焦点化する「点的記憶指示」となる (次節
で検討する)。

憶指示は、いわゆる主観的な様相を帯びるのだと考えられる。[4]

3.1.2. ユによる点的記憶指示

次に、「事故に遭った」時点を「昨日」と設定する。すると「昨日」と現在（発話時）との間に、焦点化する（あれこれ思いを巡らせる）のに十分な《時間の経過》が存在しないため、저では指せなくなる。

(3d) 어제, 화학공장에서 대규모 사고가 일어나서 종업원이 사망했다. 사고를 당한 가족들의 그/*저 애달픈 마음을 생각하면 안타깝다.
　　（第1文は作例）
　　（昨日、化学工場で大規模な事故が起こり、従業員が死亡した。事故に遭った家族達のあの切ない気持ちを思うと、いたたまれない）

しかし(3d)では、ユで指すことは可能である。ここから、ユによる記憶指示では、《当時の指示対象》だけが焦点化される、ということが帰結される。《時間の経過》が存在するか否かは、成立条件ではない。

このような指示を、焦点化の範囲が《当時》のみに限定されていて、"時間的な点"を成すことから、「点的記憶指示」と呼ぶことにする。

(8) 個人的対象を指すユ
　　（点的記憶指示）

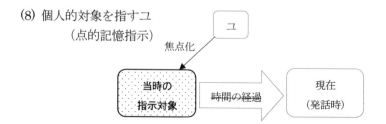

(3d)のように、ユで指したときに喚起されるのは、事故当時に「家族達の切ない気持ち」に対して抱いた感情のみである。当時から現在（発話時）に至る短い期間では、十分に思いを巡らせる時間的余裕が存在し得

---

[4] 河・金井(2017)の「捉え直し」をより分析的に表すと、「線的記憶指示」となる。線的記憶指示では、《時間の経過》も焦点化されるため、その期間に生じた感情が喚起される。そのことが、指示対象を捉え直したように感じさせる。

ない。このような経緯のために、ユによる点的記憶指示は（저と対比して）いわゆる客観的な様相を帯びるのだと考えられる。[5]

また(3c)において、例えば、事故が起きたのは「10年前」だが、そのことを当時は知らず、報道などを通じて「昨日」知ったばかり、といった状況であれば、やはり《時間の経過》は焦点化され得ないので、ユによる点的記憶指示が適切となる。

3.1.3. ユと저の使い分け（ケーススタディ）

本節では、ユと저の使い分けについて、3つの事例をもとに、具体的に検討していく。

【1】下記(4ab)の例（再掲）について、第1文は独り言であり、第2文は聞き手に問いかける発話である。

(4a) <u>그</u> 뭐더라? <u>그</u> 뭐 있잖아.
    （<u>あれ</u>なんだっけ。<u>あれ</u>なんかあるじゃない）
(4b) <u>저</u> 뭐더라? <u>그</u> 뭐 있잖아.
    （<u>あれ</u>なんだっけ。<u>あれ</u>なんかあるじゃない）

まず、第1文について検討する。当該の指示対象が「10分前」に机の上にあったのを認識したばかり、と設定する。その場合、焦点化されるのに十分な《時間の経過》が存在しないため、(4b)の저は不可となり、(4a)のようにユで指すことしかできない。

次に、第2文について検討する。(4ab)ともに、ユで指しているが、(4a)でユが選ばれるのは、第1文と同じく、焦点化されるのに十分な《時間の経過》が存在しないからである。

それでは、なぜ(4b)の第2文においても、ユが選ばれるのか。(4b)の話し手にとっての指示対象は"あれこれ思いを巡らせたもの"である（例え

---

[5] 河・金井(2017)の「非-捉え直し」をより分析的に表すと「点的記憶指示」となる。点的記憶指示では、《時間の経過》が焦点化されないため、その期間に生じる感情は喚起されない。そのことが、対象を捉え直すのではなく、当時のままに（当時の感情のみを喚起して）指示するように感じさせる。

ば、数年前に認識した、駅前に設置されていたオブジェ等)。これに対して、いきなり尋ねられた聞き手は、話し手と同じ記憶を共有しているわけではない(数年前に話し手がオブジェを認識したとき、そこに居合わせたわけではない)。つまり当該の指示対象は、聞き手にとっては"あれこれ思いを巡らせたもの"ではない。

　したがって、(独り言の)第1文で저が選ばれる(4b)でも、(聞き手に問いかける)第2文では、<u>聞き手の記憶に合わせて、語用論的に그が選ばれる</u>のである。6) 7)

　仮に(4b)の第2文で저を用いると、話し手は聞き手の存在を無視して、自身の記憶内を勝手に探索している、というニュアンスとなって、<u>語用論的に不可</u>となる(＝4c)。

(4c) <u>저</u> 뭐더라？ ＊<u>저</u> 뭐 있잖아.
　　 (<u>あれ</u>なんだっけ。<u>あれ</u>なんかあるじゃない)

　ただし、誰もが知っている非常に有名な対象(例えば、話し手が数年前に認識した、駅前に設置されていたオブジェ等。それは当時、テレビ等で大々的に宣伝された)であり、<u>話し手とは別の機会に聞き手も知り得ていて</u>"あれこれ思いを巡らせたもの"である、と話し手が推測しているのであれば、(4b)の第2文で저を用いることができる(＝4d)。

(4d) <u>저</u> 뭐더라？　<u>저</u> 뭐 있잖아.
　　 (<u>あれ</u>なんだっけ。<u>あれ</u>なんかあるじゃない)

---

6) 김일웅(1982:74)は(4b)において、最初は저で指したのに2回目は그に変わる理由について、話し手の「聞き手も知っているという確信」が弱くなったから、と説明している。この説明は結論的には妥当だろう。しかし先述したように、그と저の使い分けにおいて(文法論的に)枢要なのは話し手の記憶であって、<u>聞き手の記憶は、あくまで語用論的な変数に過ぎない</u>。

7) 日本語には、話し手(書き手)の記憶内の対象が、聞き手(読み手)との共有知識でない場合、ア系で指すことはできず、代わりにソ系で指さなければならない、という誤用論的制約がある(久野1973、黒田1979)。これを習得していない韓国語母語話者には、ソ系を使用するべき箇所でア系を使用する、という誤用が非常に多く見られる(金井2017)。(4b)の語用論的制約は、これと類似しているように思われる。

このときの話し手は、聞き手の記憶を推測して、語用論的に저を選んだわけである。

【2】下記のように、指示対象の《現在》について関知していない場合は、ユのみが可能となる。

(9) 어제는 오랫만에 중학교 친구를 만났다. 술을 마시면서 예전의 추억을 이야기하던 중 문득 그 때, 좋아했던 여자아이가 생각났다. 그/*저 아이는 지금 무엇을 하고 있을까. (作例)
  (昨日は久しぶりに中学の友達に会った。酒を飲みながら昔の思い出を話していた間、ふっとその時、好きだった女の子が思い浮かんだ。あの子は今、何をしているんだろう)
(10) 비가 오면 20년전에 고베에서 만난 그/*저 선생님을 한번 더 만나서 이야기 하고 싶다라는 기분에 빠져든다. (作例)
  (雨が降ると20年前に神戸で会ったあの先生にもう一度会って話してみたいという気持ちに駆られる)

　(9)では中学時代から現在までの、(10)では20年前から現在までの、焦点化されるのに十分な《時間の経過》が存在する。その限りでは、저による線的記憶指示が成立するように思われる。
　しかし(9)の書き手は、「好きだった女の子」に中学時代に会ったきり、その後は再会していない、ということが窺える。(10)の「先生」についても同様で、当時から現在までの20年間、会っていない。
　つまり、《当時》は知っていても、その《現在》については関知していない場合、両者の間に存在する《時間の経過》を焦点化することはできないのだと考えられる。そのため(9)(10)では、저による線的記憶指示は成立しない。
　(9)(10)のユによる点的記憶指示が喚起するのは、あくまで当時の「女の子／先生」に対する感情（例えば郷愁）のみである。

【3】下記の(11)(12)では、ユと저の、どちらによる記憶指示も可能だが、どのように使い分けられているだろうか。

(11) 그/저 어렸던 소년이 지금은 일본 총리가 되었다. (作例)
　　　(あの幼かった少年が今は日本の総理になっている)
(12) 초등학교 때의 동급생으로 천재라고 불릴정도 공부를 잘한 그/저 야마다가 지금은 살인범으로 복역하고 있다. (作例)
　　　(小学校の時の同級生で天才と言われるほど勉強が出来たあの山田が今は殺人犯で服役している)

그で指した場合の焦点は、
　(11) 幼かったころの少年
　(12) 小学校時代の天才と言われた山田
に限定される。したがって、このとき喚起されるのは、当時の「少年や山田」に対する感情（例えば郷愁）のみである。
　これに対して、저で指した場合の焦点は、
　(11) 幼かったころの少年 ＋ 現在までの時間の経過
　(12) 小学校時代の天才と言われた山田 ＋ 現在までの時間の経過
のように"時間的な線"を成す。したがって、このとき喚起される感情は、上述した「郷愁」に加えて、その後の《時間の経過》において抱いた、(11)あの少年が総理大臣になるなんて、(12)あの山田が殺人犯になるなんて、といった驚き、あるいは喜びや失望などであるだろう。
　以上から、그はあらゆる記憶指示で用いることができるが、(焦点化するのに十分な《時間の経過》が必要な) 저はそうではない、ということが分かる。このことから、그による点的記憶指示が無標で、저による線的記憶指示が有標である、と帰結できる。[8]

---

[8] 국립국어원 말뭉치において「現代文語＞本＞教育資料(一般)＞形態分析(代名詞)」という条件で検索、および目視で確認したところ、記憶指示の그が 81 例だったのに対して、記憶指示の저は 1 例「저 남쪽 바드레 산봉우리 위에는 무럭무럭 피어오른 한 송이 거대한 꽃구름이 있고… (あの南のバドレの峰の上にはすくすく立ち上る一輪の巨大な花の雲があって…)」だった。この使用頻度の著しい差には、
　・그は無標であり、汎用的に使用可能であること。つまり、《時間の経過》が存在する場合でも、それをあえて焦点化せず、그によって指すことが多い。
　・一方、저は有標であり、過剰使用が煩く感じられること。したがって저は、表現効果を狙って「ここぞ」というときのみ使用される。
このような要因が働いているものと思われる。稿を改めて詳細に論じたい。

3.2. 歴史的対象についての記憶指示
3.2.1. 저による線的記憶指示
　ここまでの議論を援用すれば、歴史的対象についての記憶指示も、統一的に説明することができる。

(1) 저 빛나는 백제 문화！（金2006:108）
　　（あの輝かしい百済の文化）
(2) 저 씨저같은 영웅도（柳濟權1984:17）
　　（あのシーザーみたいな英雄も）
(13) 바로 저 유명한 '주사위는 던져졌다!'라는 말과 함께 시작된 전쟁이었죠.（오디션）
　　（まさにあの有名な「賽は投げられた」という言葉と共に始まった戦争だったのです）

　(1)の「百済の文化」、(2)の「シーザー」、(13)の「言葉」は、いずれも歴史上有名な事物に関する知識である。これらに共通する特徴は、指示者が当時の指示対象を"同時代的に経験していない"ということである。言うまでもなく、これらの対象は、歴史的な文脈で語られるほど過去のものだからである。
　したがって、当時の指示対象を知るためには、現代の人々が共有する歴史的記憶を媒介とすることになる。そして重要なことは、現代人の誰もが半ば常識として、これらの対象を<u>発話時のかなり以前から</u>（歴史的記憶を媒介として）<u>すでに知っている</u>、ということである。例えば「百済の文化」について、現在（発話時）大人である話し手も、自身の幼いころに学校等で習ったことだろう。
　記憶指示の저は、まず《歴史的記憶》によって《当時の指示対象》とリンクされた《初めて知った時点》を焦点化する。その《初めて知った時点》から現在（発話時）までの間には、思いを巡らせるための《時間の経過》が存在する。저は、その《時間の経過》も焦点化する。こうして、歴史的対象についての線的記憶指示が成立するのだと考えられる。

(14) 歴史的対象を指す저
　　　　（線的記憶指示）

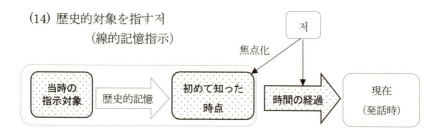

　저で指すということは、単に外延的に指すということではない。そうではなく、人々の歴史的記憶を通じて（間接的に）知った対象を、《時間の経過》において抱いた感情を喚起しながら指す、ということである。
　その感情とは、例えば"歴史の積み重ねに対する感慨"といったものであるだろう。それはまた、指示対象を"歴史的価値を持つものとして捉え直す"ということでもある。

　　(1)　저＋百済の文化　＝　外延的「百済の文化」　＋　歴史に対する感慨
　　(2)　저＋シーザー　　＝　外延的「シーザー」　　＋　歴史に対する感慨
　　(13) 저＋言葉　　　　＝　外延的「言葉」　　　　＋　歴史に対する感慨

　従来、(1)(2)(13)のような歴史的対象を指す用法が、記憶指示の저の「プロトタイプ」と捉えられてきた節がある。確かに、저が《時間の経過》における感情を伴うものであるなら、その種の感情として"歴史に対する感慨"というのは分かりやすく、そう捉えられても無理はない。
　しかし、それは言語外的な理由であり、歴史的対象を指す저は「拡張事例」と言える。なぜなら、この用法では、指示者本人は当時の指示対象を"同時代的に経験していない"からである。つまり、個人的対象を指す저が「プロトタイプ」であり、その成立の要因である《同時代的な経験》が、歴史的対象を指す用法においては、人々の歴史的記憶を媒介にした《非-同時代的な経験》へと拡張されているわけである。
　(15a)は、韓国から日本へ来た旅行者が「金閣寺」を訪れたときの記述である。ここで저が選ばれているのは、当該の旅行者が韓国国内にいるときから（来日前から）、すでに「金閣寺」を知っていたからである。

(15a) 이제 여행도 막바지입니다. 4일차는 저 유명한 금각사가 메인이었어요. 아침식사는 금각사 바로 옆…
(https://brunch.co.kr/@stillalive31/198)
（これで旅行も最後です。4日めはあの有名な金閣寺がメインでした。朝ごはんは金閣寺のすぐ隣…）

(15a)においては、韓国国内で歴史的対象としての「金閣寺」について《初めて知った時点》から、日本へ来て実際に「金閣寺」を訪れるまでの間に、思いを巡らせるための《時間的な経過》が存在する。その両者が焦点化されるため、저による線的記憶指示が成立するわけである。
　このとき「金閣寺」は、単なる外延的な指示対象ではない。旅行者が《時間的な経過》において抱いた感情（例えば歴史に対する感慨）が喚起されて、"歴史的価値を持つもの"として捉え直されている。[9]

3.2.2. 　유による点的記憶指示
　一方、仮に「金閣寺」ほど有名でない対象、例えば「喜多院」（埼玉県川越市にある天台宗の寺院）を訪れたのであれば、저によって指すことは難しくなる。

(15b) 4일차는 그/*저 기타인이 메인이었어요.
　　 （4日目はあの喜多院がメインでした）

「喜多院」は韓国国内では（金閣寺ほど）有名ではない。したがって、(15b)では、旅行者が韓国国内で「喜多院」を歴史的対象として知る機会がなく、日本へ来てから（あるいは旅行の準備中に）初めて知ったのであろうことが窺い知れる。
　このとき、焦点化するのに十分な《時間の経過》は存在せず、《初めて知った時点》のみが焦点化される。したがって、유による点的記憶指示は可能だが、저による線的記憶指示は（基本的には）成立しない。

---

[9] (15a)では、（客観的に指したいといった）発話意図であれば、유で指すことも可能である。その場合は《初めて知った時点》のみを焦点化する「点的記憶指示」となる（次節で検討する）。

(16) 歴史的対象を指すユ
　　　（点的記憶指示）

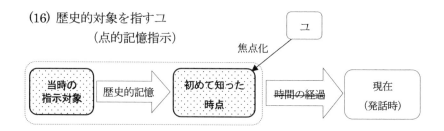

3.3. 日本語のアとの対照

　ここまで韓国語のユと저の使い分けについて考察してきたが、傍証のため、本節では記憶指示の日韓対照を行う。日韓の指示詞はともに3系列であり、現場指示では並行的だが、非現場指示で対応が一部ずれる。

【表1】現場指示における日韓対象

	近称	中称	遠称
日本語	コ	ソ	ア
韓国語	이	ユ	저

（金井・河・金2018:16、一部改変）

【表2】非現場指示における日韓対象

	前方照応（文脈指示）	記憶指示
日本語	ソ	ア
韓国語	ユ	저

（金井・河・金2018:23、一部改変）

記憶指示において、韓国語ではユ（中称）および저（遠称）が用いられるが、日本語ではア（遠称）のみであり、この点で対応がずれている。

(17a) 太郎「昨日、行ったレストラン、おいしかったね」
　　　花子「そうね。あのレストラン、また一緒に行こうね」（作例）
(17b) 太郎「어제 간 레스토랑, 맛있었지」
　　　花子「그래. 그/*저 레스토랑 또 같이 가자」

(17a)の「あの」は、(17b)ではユに対応し、ジは不可となる。それは「太郎」と「花子」が話題にしている「レストラン」は、「昨日」訪れたばかりであって、焦点化されるのに十分な《時間の経過》が存在しないからである。したがって、これは点的記憶指示に等しい。

(18a) あの輝かしい平安の文化！（作例）
(18b) 그/저 빛나는 평안의 문화！

一方、(18a)では、日本史において「平安の文化」は重要な項目であるので、現代の日本人の歴史的記憶として定着している。したがって現在（発話時）までの間に、焦点化されるのに十分な《時間の経過》が存在する。そこで(18b)では、ジによる線的記憶指示が成立する。
　ただし(18ab)では、指示者の発話意図として、点的記憶指示の意識を持つことも可能である。その場合、(18b)では、ユが選ばれる。

(19) アによる記憶指示

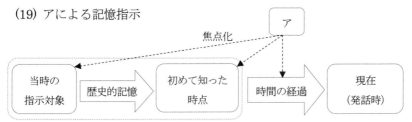

(*) ただしアから出発する点線（≠実線）は、指示対象（個人的対象か歴史的対象か）および指示方法（点的記憶指示か線的記憶指示か）に応じて、活性化するか否かが決まる、ということを表す。

日本語のアは、韓国語のユとジのどちらをも包含したスキーマを保持していて、当該の指示対象および指示方法に応じて、ユと同パターンになったり、ジと同パターンになったりするのだと考えられる。
　ただし、言うまでもなく、形態的には差異が顕現しない。どのような条件であっても、日本語の場合はアの一択である。[10]

---

10) 「百科事典的知識であり、具体的には歴史上有名な人物や文化遺産に関する知識（金 2006:108）」を指すというジの定義からは、古語的な「かの」が想起される。

4. おわりに

本稿では、韓国語におけるユ・저による記憶指示について、指示対象を個人的対象と歴史的対象に、指示方法を点的記憶指示・線的記憶指示に分類した上で、詳細な分析を行った。

【表3】韓国語における記憶指示

	【プロトタイプ】個人的対象	【拡張事例】歴史的対象
【無標】 ユによる 点的 記憶指示	・対象を"同時代的に"経験する。 ・経験時のみを焦点化する。 ・経験時の感情のみを喚起する。	・歴史的記憶を媒介にして、対象を"非−同時代的に"知る。 ・知った時点のみを焦点化する。 ・知った時点の感情のみを喚起する。
【有標】 저による 線的 記憶指示	・対象を"同時代的に"経験する。 ・経験時と《時間の経過》を焦点化する。 ・経験時の感情と《時間の経過》において抱いた感情を喚起する。	・歴史的記憶を媒介にして、対象を"非−同時代的に"知る。 ・知った時点と《時間の経過》を焦点化する。 ・知った時点の感情と《時間の経過》において抱いた感情を喚起する。

韓国語における指示詞研究においては、記憶指示のユ・저の使い分けが、長らく残された問題とされてきたが、本稿は両者の統一的な説明に向けて、一定の回答を提出し得たものと思われる。

「この地の歴史は古く、<u>かの</u>平安時代中期の勇将・平将門公終焉の地としても知られており、将門公縁の神社など歴史的建造物も数多く残っています。」
(http://www.masakadokou.co.jp/news/index.html)
現代日本語で「かの」が用いられるとしたら、それは有標的な表現としてである。
(17a) 花子「そうね。<u>あの</u>/*かのレストラン、また一緒に行こうね」
現代語における「かの」が有標的であることと、저が有標的であること(注8)との共通性には、注目しておいてよいと思われる。また、金水・岡崎・曺(2002)では、次のように述べられている。

「現代韓国語では、指示詞としてi、ku、ceの三系列が用いられ、それぞれ日本語のコ、ソ、アとよく似た用法を持っていると言われている。しかし詳細に用法を検討してみると、現代日本語の体系よりむしろ古代語日本語の体系に近い面を持っているとも言えそうである。」(同235)

こうした観点からも、「かの」と저の対照について、稿を改めて詳細に論じたい。

参考文献

金井勇人(2017)「流れがスムーズになる指示詞の選び方」石黒圭編『わかりやすく書ける作文シラバス』東京：くろしお出版：99-118

金井勇人・河正一・金聖実(2018)「日本語との対照を通して諸言語の指示詞の特徴をみる―中国語・韓国語・ロシア語・タイ語をとりあげて―」『埼玉大学日本語教育センター紀要』12，埼玉：埼玉大学日本語教育センター：15-26

金水敏・岡崎友子・曺美庚(2002)「指示詞の歴史的・対照言語学的研究－日本語・韓国語・トルコ語－」生越直樹編『対照言語学』東京：東京大学出版会：217-247

金善美(2006)『韓国語と日本語の指示詞の直示用法と非直示用法』東京：風間書房

久野暲(1973)『日本文法研究』東京：大修館書店

黒田成幸(1979)「（コ）・ソ・アについて」『林栄一教授還暦記念論文集 英語と日本語と』東京：くろしお出版：41-59

河正一・金井勇人(2017)「記憶指示の「저」についての一考察」京都：朝鮮語教育学会（第76回例会，於近畿大学）発表資料，2017.12.17

김일웅(1982) '지시의 분류와 지시사 '이, 그, 저'의 쓰임', "한글" 178, 서울：한글학회：53-88

박영환(1990) '지시어 '저'의 의미기능', "한남어문학" 16, 대전：한남대학교 한남어문학회：85-101

신지연(1995) '현대국어의 지시용어 연구' 서울대학교 박사논문

柳濟穆(1984) '韓日語指示詞에 關한 對照研究 = 韓日語指示詞에 關한 對照研究', "研究論文集" 20, 서울：성신여자대학교：1-30

장경희(1980) '지시어 '이, 그, 저'의 의미 분석', "어학연구"16-2, 서울：서울대학교 어학연구소:167-184

引用資料

국립국어원 말뭉치
https://ithub.korean.go.kr/user/corpus/corpusSearchManager.do

本稿は科学研究費補助金（2018年度〜2020年度、基盤研究(C)、逐語訳つき日本語作文コーパスによる意図と産出の対応を意識した日中韓の対照分析、研究課題番号：18K00678、研究代表者：金井勇人）による研究の成果の一部である。

【要旨】

記憶指示のユ・저についての一考察
―点的記憶指示・線的記憶指示という観点から―

河　正　一・金井　勇人

　韓国語における記憶指示では、ユ・저の使い分けの解明が、長らく残された問題とされてきたが、本稿では、両者の統一的な説明に向けて、一定の回答を提出した。
　本稿では、ユ・저による記憶指示について、線的記憶指示・点的記憶指示という観点から、詳細な分析を行った。
　まず、ユによる記憶指示を「点的記憶指示」、저による記憶指示を「線的記憶指示」と分類した。ユによる点的記憶指示では、当時の指示対象のみが焦点化される。これに対して、저による線的記憶指示では、当時のみならず、そこから発話時に至る《時間の経過》も焦点化される。
　こうした相違が存在するため、저による線的記憶指示では《時間の経過》において抱いた感情が喚起され、いわゆる主観的な様相を帯びる。一方、ユによる点的記憶指示では、そうした感情が喚起されないので、(저と対比して) いわゆる客観的な様相を帯びる。
　저による指示が成立する場合、それはすべてユに置き換えることができるが、逆はそうではない。したがって、ユによる点的記憶指示が無標で、저による線的記憶指示が有標であると考えられる。
　次に、指示対象を「個人的対象」と「歴史的対象」に分類した。個人的対象とは、指示者が同時代的に経験したものである。これに対して歴史的対象とは、指示者が同時代的に経験し得ず、人々の歴史的記憶を媒介として知ったものである。
　個人的対象を指す場合は、それを経験した時点が基点となる。一方、歴史的対象を指す場合は、人々の歴史的記憶を媒介として (間接的に) 知った時点が基点となる。
　個人的対象を指す記憶指示は、《同時代的な経験》を条件とするのであるから、プロトタイプと言える。この条件を、人々の歴史的記憶を媒介と

する《非-同時代的な経験》にまで緩めたのが、歴史的対象を指す記憶指示であり、これは拡張事例であると考えられる。

　このように、韓国語の記憶指示は、指示方法の２分類（그による点的記憶指示／저による線的記憶指示）、指示対象の２分類（個人的対象／歴史的対象）の組み合わせによって、大きく４つの性質に分類できる。

【キーワード】記憶指示の그と저，点的記憶指示，線的記憶指示，個人的（指示）対象，歴史的（指示）対象

事実条件を表す現代日本語「と」と現代韓国語「-자」の対照

尹 聖 樂（ゆん・そんらく）

1. はじめに

　現代日本語において条件を表すとされている「と」は、現代韓国語と対照すると、主に現代韓国語において条件を表す形式とされている「-면[1]」と対応すると言われている(名嶋2000、鈴木他2010など)。しかし、現代日本語の条件を表す「と」には、前件と後件の事態が既に起こった一回限りの事態である事実条件を表す場合もあるが[2]、このような環境では「-면」とは対応することができず、前件と後件の事態の時間関係を表すとされている「-자」と対応することがある。

(1)　a. 家に帰ると栄美子が居間に一人でいた。　　（ナミヤ:102）
　　　b. 집에 {들어서자/?들어서면}[3] 에미코 혼자 거실에 나와 있었다.　　　　　　　　　　　　　　（나미야:121）

　このような点に注目して対照研究を行った従来の研究では、事実条件を表す「と」の意味・機能をいくつかに分け、それぞれの意味・機能において現代韓国語のどの形式と対応関係をなすかを確認しようとしている。しかし、その多くが対応関係にのみ注目しているため、対応関係をなさない場合についての言及はほとんど見つからない。

---

[1]　「-면」は用言の母音終わりの語幹に付き、子音終わりの語幹に付く場合は異形態として「-으면」の形が存在するが、本稿では便宜上「-면」に統一する。
[2]　本稿における「事実条件」という用語は、日本語記述文法研究会(2008)に従っており、蓮沼(1993)の「事実的用法」、前田(2009)の「非仮定的」の「一回的」、金智賢(2018)の「継起」に該当するものである。「事実」という用語は、過去の習慣などの多回的な事態や、成立が確定している事態も含まれることがあるが、本稿では狭い意味で用いている。
[3]　「{/}」は、左側が原本に用いられた形式を表し、右側が分析のために置き換えた形式を表す。そして「?」はインフォーマント調査によって不自然だとみなされたものを示す。なお、インフォーマント調査は韓国在住の20代及び30代の韓国語母語話者計5名と、日本在住の20代及び30代の日本語母語話者計5名を対象とした。

このような現状から、本稿は、「と」が既に起こった一回限りの事態を表す場合に、最も頻繁に対応関係をなす現代韓国語「-자」との対照分析を行い[4]、類似点と相違点を考察することを目的とする。両形式を対照して分析をすることにより、「と」と「-자」の特徴が一層明らかになると思われる。

2. 先行研究及びその問題点

ここでは、事実条件を表す「と」と「-자」の先行研究を概観することにする。合わせて、両形式を対照した先行研究も確認したい。

まずはじめに、事実条件を表す「と」の制約について論じた先行研究に久野(1973)がある。久野(1973)は事実条件を表す「と」の制約について、「S1 と S2 によって表される出来事が、同じ観察者(普通、話し手か S1 の主語)によって観察され得るものでなければいけない」、「S2 の出来事が聞き手にとって新しいインフォメーションでなければならない」、「S2 は、観察者(S1 の主語か話し手)が客観的に観察し、報告できるような動作・状態を表さなければならない」と述べている。一方、豊田(1978、1979a、1979b、1982)は、事実条件を表す「と」の前件と後件の関係に注目し、事実条件を表す「と」の意味・機能を連続・発見・時・きっかけの四つに分類している。ここからさらに、事実条件を表す「と」の基本的機能・意味を明らかにしようとしている研究に鈴木(1986)、蓮沼(1993)があるが、鈴木(1986：52)は、事実条件を表す「と」について「二つのできごとを何らかの関連性を持つ二者として、その関連性の内実のいかんを問わずに、かつその関連性の内実について積極的に表現することなく、結びつける」と述べており、蓮沼(1993：80)は「前件の事態が成立した状況における、後件の事態の成立、あるいはそれに対する認識の成立を、話し手が外部の観察者としての視点で語るような場合に使用される」と述べている。このように、従来の研究において事実条件を表す「と」は多様な

---

[4] 本稿の調査において、現代日本の小説と漫画から収集された事実条件を表す「と」の用例数は 457 例であり、その中で「-자」と対応関係をなしている用例数は 243 例(53.17%)であった。そして、現代韓国の小説と漫画から収集された「-자」の用例数は 156 例であり、その中で事実条件を表す「と」と対応関係をなしている用例は 97 例(62.17%)であり、事実条件を表す「と」と「-자」は最も頻繁に対応関係をなすと言える。

角度から分析が行われており、ある事態と、話し手が外部の視点から観察した事態とを結びつける際に用いられるという点で共通している。

次に、「-자」について論じた先行研究を概観することにする。まず、「-자」の基本的意味・機能について論じた研究に、윤평현(1992)、서정수(1994)、이익섭(2005)などがある。윤평현(1992:198)は、「-자」について「前の動作に続いて後ろの動作が起こることを表す」としており、서정수(1994:1135)は「前件の動詞句に付け加えられ、後件とすぐつながる従属節をなす」とし、「順次接続」を表す形式として捉えている。また、이익섭(2005:370)は、「時間関係を表すが、それが継起的でありつつ、ほぼ同時的であることを表す語尾である。すなわち、前後がはっきりしているがその間隔が極めて短く、まるで同時に起こったように見える二つの事態をつなげるものである」と述べている。一方、이정택(1995)は前件と後件の意味的関係に注目し、「-자」の意味・機能を連発・因果関係・確認/発見・同時性[5]の四つに分類している。しかし、基本となる意味・機能は連発であり、他の意味・機能は連発の意味から拡張したと述べている。このように、従来の研究では「-자」の特性を、前件の事態と後件の事態が継起的につながっていることを表すものと捉えている。しかし、「-자」の成立条件や意味的制約に言及がないため、時間の流れに沿って起こった二つの事態は全て「-자」の使用を許すように捉えられる可能性があると思われる。

最後に、事実条件を表す「と」と「-자」のみの関係について論じた研究は管見の限り見つからないが、金智賢(2018)においてわずかながら言及が見られる。金智賢(2018)は、事実条件を表す「と」と「-자」について「状況性がなく、単に、前件の事態が発生した時点で後件の事態が発生したことを表す「ト」と「ja」の用法は「単純継起」と言って良いかもしれない」と述べ、両形式が類似することを指摘している。また、事実条件を表す「と」が表せる意味・機能のほとんどを「-자」も表すことができる点や、主に文語的な文体で用いられる点においても両形式が類似することも指摘している。一方、송선애(2006)、八野(2008)、김선영(2013)な

---

[5] 이정택(1995)は名詞に付く「-이자」も分析対象とし、同時性の意味・機能を表すとしている。しかし本稿は、用言に付く「-자」のみを分析対象としており、「-이자」については今後の課題としたい。

どでは、事実条件を表す「と」の意味・用法をいくつかに分類し、それぞれの意味・用法において現代韓国語のどのような形式と対応関係をなすかに注目している。そしてこれらの研究においても、事実条件を表す「と」と「-자」が前件の事態が起こった後に後件の事態が起こったという時間的前後関係を表す点で類似するため、両形式が頻繁に対応関係をなすと述べられている。なお、韓日・日韓辞典の尹亭仁編(2014)では、「-자」は「ある動作が終わり、引き続き次の動作が行われる様子を表す」形式であり、日本語の「や否や」「とすぐに」と対応するとされている。また、「と」については「二つの動作が同時に行われる」ことを表す場合、「-자」「-면」と対応するとされている。

　このように、従来の研究において事実条件を表す「と」と「-자」は、前件と後件が時間的前後関係を表す点で類似すると述べられている。しかし、以下の例文で見られるように、形式的に類似しているにもかかわらず、両形式が対応関係をなす場合もあればなさない場合もあるが、そのような点への言及はほとんど見られない。

(2)　a. 母はおばあちゃんに会うと、わたしより先に口を開いた。
(母性:43)
　　　b. 엄마는 외할머니를 만나자 나보다 먼저 말문을 열었다.
(모성:45)
(3)　a. 男は無気味に笑うと、逃げるように診察室を出て行った。
(無痛:85)
　　　b. 남자는 무의미하게 {웃더니/?웃자}, 도망치듯이 진찰실에서 나갔다.
(무통:117)

　このようなことを踏まえ、本稿では、事実条件を表す「と」と「-자」が対応関係をなす場合となさない場合を中心に、両形式の類似点と相違点を明らかにすることを目的とする。

3. 事実条件を表す「と」と「-자」の類似点と相違点

　ここでは、事実条件を表す「と」と「-자」の類似点と相違点について考えることにする。まず両形式が対応関係をなす場合となさない場合を

確認し、続いて後件の事態は話し手が外部の視点から新たに認識した事態を表すことを確認する。そして、両形式が否定形と接続し、「しないと」や「しないでいると」、「-지 않자」の形で用いられる場合についても確認した後、事実条件を表す「と」と「-자」の使用条件ついても考察する。

3.1. 事実条件を表す「と」と「-자」が対応関係をなす場合

まずはじめに、事実条件を表す「と」と「-자」が対応関係をなす例文として、以下のようなものがある。

(4) a. 為頼が無理に札を渡そうとする<u>と</u>、菜見子はさっと両手を後ろに回した。　　　　　　　　　　　　　　　　(無痛:24)
　　b. 다메요리가 억지로 지폐를 건네려 하<u>자</u>, 나미코는 두 손을 뒤로 휙 돌렸다.　　　　　　　　　　　　　　(무통:36)

(5) a. サッカーの試合が始まる<u>と</u>、にわかに激しい雨が降り出した。
　　　　　　　　　　　　　　　　　　　　　　　(鈴木 1986:57)
　　b. 축구 시합이 시작되<u>자</u>, 갑자기 폭우가 내리기 시작했다.
　　　　　　　　　　　　　　　　　　　　　　　　　(筆者訳)

(6) a. 二人でため息をつきながら眺めている<u>と</u>、若い男二人組がするすると近づいてきて、「どっから来たの？」と声をかけてきた。　　　　　　　　　　　　　　　　　　　　(ナオミ:271)
　　b. 둘이서 감탄하며 {바라보고 있는데/바라보고 있<u>자</u>} 젊은 남자 둘이 슬금슬금 다가와 "어디에서 왔어요?" 하고 말을 걸었다.　　　　　　　　　　　　　　　　　(나오미:304)

(7) a. 通夜の始まる午後六時近くになる<u>と</u>、親戚たちが続々とやってきた。　　　　　　　　　　　　　　　　　(ナミヤ:92)
　　b. 오후 6시가 가까워지<u>자</u> 장례식장에 친척들이 속속 찾아왔다.　　　　　　　　　　　　　　　　　　　　(나미야:109)

(8) a. 自分が子どもの頃に言っていたのと同じ言葉を娘の口から聞く<u>と</u>、うらやましくなりましたが、私はもうさすがに、母の布団に潜り込むことはできません。　　　　(母性:64)
　　b. 제가 아이일 때 했던 말과 똑같은 말을 딸 입으로 듣<u>자</u> 부러웠지만, 저는 당연하게도 엄마 이불 속으로 들어갈 수

없었습니다. (모성:67)

　(4)と(5)は「Aが～すると、Bが…した」の形で、異主体の二つの事態が連続して起こったことを、(6)は「Aが～していると、Bが…した」の形で、前件の事態が進行している最中に後件の事態が起こったことを、(7)も「Aが～すると、Bが…した」の形をしているが、前件に表される時間の推移に伴って後件の事態が起こったことを、(8)は「Aは～すると、…した」の形で、同一主体の二つの事態が連続して起こったことを表している6)。いずれも前件の事態が成立した後に後件の事態が成立したことを表しており、従来の研究でも述べられているように、事実条件を表す「と」と「-자」は対応関係をなす。

　しかし、現実世界において後件の事態の成立が前件の事態の成立を先行する場合でも事実条件を表す「と」と「-자」が自然に用いられる場合がある。

　(9) 　a. 家に帰ると栄美子が居間に一人でいた。　　　(ナミヤ:102)
　　　　b. 집에 들어서자 에미코 혼자 거실에 나와 있었다.
　　　　　　　　　　　　　　　　　　　　　　　　　(나미야:121)
　(10) a. 昼過ぎに実家に着くと、姉の弘美が息子を連れて遊びに来ていた。　　　　　　　　　　　　　　　　　　　(ナオミ:88)
　　　　b. 점심시간이 지나 본가에 도착하자 언니인 히로미가 아들을 데리고 놀러 와 있었다.　　　　　　(나오미:101)

　(9)と(10)は、従来の研究において発見の用法と呼ばれている例文であるが、「Aが～すると、Bが…していた」の形で、前件の動作主がある動作を行うことによって既に起こっている後件の事態を初めて知るようになったことを表している。例えば、(9)は前件の動作主が、家に帰ることによって栄美子が居間に一人でいるのを初めて知るようになったことを

---

6) 前田(2009)は、事実条件を表す「と」の用法の分類を行っているが、形式的な違いを基準とし、連続(Aは～すると…した)、きっかけ(Aが～するとBが…した)、発見(Aが～するとBが…していた)、発現(Aが～しているとBが…した)の四種類に分類している。

表しており、栄美子は前件の動作主が家に帰って来る前から居間に一人でいたことが考えられる。(10)も同様のことが言えるだろう。このことから、事実条件を表す「と」と「-자」の前件と後件は、現実世界における事態成立の時間関係を表すのではなく、話し手が前件の事態の成立を認識した後に後件の事態を認識したという、いわゆる認識世界における事態成立の時間関係を表すと言えよう。

　一方、前件と後件の事態間の意味的関係に注目して(4)~(10)を再度見てみると、いずれも前件の事態が何らかの状況として機能し、その状況において後件の事態が成立した、もしくは後件の事態を発見したことを表している[7]。例えば、(4)と(8)は前件の事態が原因で後件の事態が起こっており、前件の事態は後件の事態を引き起こした状況として機能している。また、(5)は前件の事態が起こったちょうどその時、後件の事態が起こったことを表しており、前件の事態は後件の事態が起こった際の時間的状況として機能している。(6)も前件の事態が進行している最中に後件の事態が起こったことを表しており、(7)も前件に表される時間の推移に伴い、後件の事態が起こったことを表していることから、前件の事態は後件の事態が起こった際の時間的状況として機能していると言える。そして、(9)と(10)は前件の事態が起こったことによって後件の事態を発見したことを表しており、この場合も前件の事態は後件の事態を発見するための状況として機能していると言えるだろう[8]。

　このように、事実条件を表す「と」と「-자」は話し手の認識世界における事態成立の時間関係を表し、さらに、前件の事態が何らかの状況として機能し、その状況において後件の事態が成立した、もしくは後件の事態を発見したことを表す場合において、対応関係をなすと言える。

3.2. 事実条件を表す「と」は自然、「-자」は不自然な場合

　前節では、事実条件を表す「と」と「-자」が対応関係をなす場合を確認した。一方で、両形式が全ての環境において対応関係をなすわけでは

---

[7] 本稿における「状況」は、言語学研究会・構文論グループ(1988)の「ある出来事の成立と存在を条件づけている出来事は、すべて状況であり、ひろい意味では、状況のなかに原因や条件、契機、目的などもふくみこまれる」という定義に従っている。

[8] この説明は、言語学研究会・構文論グループ(1988)の「時間・状況的な関係を表す場合」の説明と類似する。

なく、以下の例文が示しているように、事実条件を表す「と」の使用は自然であるのに対し、「-자」の使用は不自然な場合もある。

 (11) a. 男は無気味に笑うと、逃げるように診察室を出て行った。
                （無痛:85）
   b. 남자는 무의미하게 {웃더니/?웃자}, 도망치듯이 진찰실에서 나갔다.   （무통:117）
 (12) a. 敦也は手紙を投げ捨てると、そばの押入れを開けた。
                （ナミヤ:31）
   b. 아쓰야는 편지를 {내던지고/?내던지자} 옆의 붙박이장을 열어 보았다.   （나미야:40）
 (13) a. 身仕度を済ませると、加奈子や栄美子と共に家を出た。
               （ナミヤ:116）
   b. 옷을 {주워 입고/?주워 입자} 어머니, 에미코와 함께 집을 나섰다.   （나미야:136）
 (14) a. 彼女は自転車を止めると、斜めがけにしていたバッグから何かを取り出した。   （ナミヤ:99）
   b. 여자는 자전거를 {세우더니/?세우자} 어깨에 엇갈리게 메고 있던 가방에서 뭔가를 꺼냈다.   （나미야:118）

 (11)～(14)は、いずれも「Aは～すると、…した」の形で、形式的に(8)と類似している。しかし、前件と後件の事態間の関係に注目してみると、前件の事態が何らかの状況として機能し、その状況において後件の事態が成立した、もしくは後件の事態を発見したというよりも、前件と後件が同じ動作主による意図的動作の連続を表しており、動作主にとって必要な順序を表していることがわかる。例えば、(11)は先に不気味に笑ってその次に診察室を出て行ったことを表しているが、これは、不気味に笑った後に診察室を出て行くという順序と、診察室を出て行った後に不気味に笑うという順序のうち、動作主である男によって決められた前者の順序を表している。また、(13)は動作主が加奈子や栄美子と共に家を出るために、その前に身仕度を済ませたことを表しており、前件の動作は後件の動作を行うために動作主にとって必要な順序である。(12)と(14)につ

いても同様のことが言える。
　しかし、動作主にとって必要な順序を表す場合は、前件と後件が同じ動作主による意図的動作の連続を表す場合のみではない。

(15) a. どうせリモコンの電池切れとか、操作ミスとか、そういう勘違いと想像出来たが、斎藤夫人にとって機械は全てブラックボックスなのだから仕方がない。果たして駆けつけてみると、テレビ本体の電源スイッチがオフになっていたため、リモコンが用をなさなかっただけのことだった。　　（ナオミ:124）
　　 b. 아마도 리모컨의 건전지 수명이 다 됐거나 조작 실수 같은 상황을 상상할 수 있었지만 사이토 부인에게 기계는 모두 블랙박스 같은 것이니까 어쩔 수 없다. 과연 {달려가보니/?달려가보자} 텔레비전 본체의 전원 스위치가 꺼져 있어서 리모컨이 작동하지 않은 것뿐이었다. （나오미:141）

(16) a. 内容を読んでみると、たとえば中の一枚には次のようなことが書かれていた。　　（ナミヤ:135）
　　 b. 내용을 {읽어보니/?읽어보자}, 이를테면 가운데 메모지에는 이런 내용이 적혀 있었다.　　（나미야:161）

　(15)と(16)は、いずれも「Aが〜すると、Bが…していた」の形で、形式的に(9)、(10)と類似している。しかし、この場合も後件に表される状態を確認するために前件の動作主がある動作を行ったことを表しており、前件と後件は動作主にとって必要な順序を表している。例えば(15)は、動作主がリモコンが用をなさない理由を確認するために、テレビ本体の位置に駆けつけたことを表しており、後件の事態を確認するために動作主に必要な順序を表している。(16)も同様のことが言える。このように動作主にとって必要な順序で動作を行なったことを表すことは、前件と後件の事態間の関係は頓着にせず、単に時間関係を表すにすぎないことを意味する。換言すると、前件の事態は単に後件の事態に先行して成立したことを表すと言えよう[9]。

---

9) この説明は、言語学研究会・構文論グループ(1988)の「先行性の関係を表す場合」の説明と類似する。

ところが、前件と後件が同じ動作主の意図的動作を表しても、前件の事態が状況として機能する場合がある。

 (17) a. 母はおばあちゃんに会う<u>と</u>、わたしより先に口を開いた。
(母性:43)
   b. 엄마는 외할머니를 만나<u>자</u> 나보다 먼저 말문을 열었다.
(모성:45)

(17)は、前件と後件が同じ動作主の意図的動作を表しているため、一見動作主にとって必要な順序を表し、前件の事態は単に後件の事態を先行して成立したことを表しているように思われるかもしれない。しかし、前件に用いられている「会う(만나다)」という述語は、動作主と相手が同じ場所で顔を見合わせることを意味するものであり、動作主の動作自体を表すものではない。すなわち、(17)の前件の事態は、母とおばあちゃんが同じ場所で顔を見合わせた状況を表しており、その状況において先に口を開いたことを表しているのである。
 このように、前件と後件が動作主にとって必要な順序を表し、前件の事態が単に後件の事態を先行して成立したことを表す場合、事実条件を表す「と」の使用は自然であるのに対し、「-자」の使用は不自然になると言える。

3.3. 「-자」は自然、事実条件を表す「と」は不自然な場合

 前節では、事実条件を表す「と」は自然であるのに対し、「-자」は不自然な場合を確認した。反対に、「-자」は自然であるのに対し、事実条件を表す「と」が不自然な場合もある。

 (18) a. ?毛のセーターを洗濯機で洗う<u>と</u>、着られなくなった。
(豊田 1982:10)
   b. 스웨터를 세탁기로 빨<u>자</u> 입을 수 없게 되었다. (筆者訳)
 (19) a. ?昨日 10 キロ走る<u>と</u>、2 キロやせた。 (豊田 1982:10)
   b. 어제 10 키로 뛰<u>자</u> 2 키로 빠졌다. (筆者訳)
 (20) a. ?きのう、この薬を飲む<u>と</u>、よく効いた。

(豊田 1982:11 を一部改変)
b. 어제 이 약을 먹자 효과가 있었다.　　　　（筆者訳）

　(18)~(20)は、いずれも「Aが~すると、Bが…した」という形をしており、形式的に(4)と類似している。また、前件の事態が原因で後件の事態が起こったことを表しており、前件と後件の事態間の意味的関係においても(4)と類似している。にもかかわらず、事実条件を表す「と」の使用が不自然な理由について、蓮沼(1993:85)は「後件の事態が、前件の事態が成立した状況と同一の場面で、外部から客観的に観察できないもの」と述べている[10]。すなわち、事実条件を表す「と」の使用において、前件と後件の事態が同一場面での事態である必要があるが、(18)~(20)における前件と後件の事態は、それぞれ異なる場面の事態を表しているため、不自然なのである。例えば、毛のセーターを洗濯機で洗ったその場面で着られなくなったことを認識したのではなく、セーターが乾き、着ようとしてみて初めて着られなくなったことを認識するため、同一場面ではなく、事実条件を表す「と」の使用も不自然になるということである。
　一方、「-자」は前件と後件の事態が同一場面での事態ではなくても自然に用いられる。これは、「-자」の使用において、前件と後件の事態が同一場面の事態か否かは問題にしないことを意味すると言えるだろう。

3.4. 後件の事態は話し手が外部の視点から新たに認識した事態

　ここまで、主に前件と後件の事態間の意味的関係に注目し、事実条件を表す「と」と「-자」の類似点と相違点を確認した。ここでは、話し手の視点について確認することにする。
　久野(1973:119)は以下のような例文を挙げ、事実条件を表す「と」の後件が話し手の意図的動作を表す場合、不自然であることを指摘している。

　　(21) ?花子が来ると、僕は帰った。

---

10) 豊田(1982：12)は、これらの例文において事実条件を表す「と」が不自然な理由について、「前件と後件が二つの区切られた動作または作用となっていず、それは、前項または後項の述語が状態的であったり、可能の意味を表しているためであるらしい」と述べ、前件と後件の事態間に区切りがないためであると主張している。

(22) ?僕は上着を脱ぐと、ハンガーにかけた。

(以上、久野1973:119を一部改変)

そしてその理由について、「「S1 ト S2」構文のS2は、観察者(S1の主語か話し手)が客観的に観察し、報告できるような動作・状態を表さなければならない」(久野1973:119)と述べている。また、蓮沼(1993:80)においても、事実条件を表す「と」の使用が不自然になる場合について「前件の事態が成立した状況と同一の場面で、話し手が外部から客観的に観察できないような事実を後件が表す場合」と述べられている。ところが、久野(1973)、蓮沼(1993)でも述べられているように、書き言葉においてはこのような制約がなくなる。

(23) 僕はテレビを消すと隣にある兄の部屋に入り、厖大な本の山の中から何冊かを選び出し、応接室のソファーに寝転んでそれを眺めた。　　　　　　　　　　　　　　　　(蓮沼1993:76)
(24) 僕はソファーにもう一度寝ころんでラジオのトップ・フォーティーを聞きながら10分ばかりぼんやりと天井を眺め、そしてシャワーに入り熱い湯で丁寧に髭を剃ると、クリーニングから戻ったばかりのシャツとバミューダー・ショーツを着た。

(蓮沼1993:86)

書き言葉において制約がなくなる理由について、蓮沼(1993:87)は「語り手は、物語世界を外部からの観察者として語るものなのである」と述べ、後件が一人称主語の意図的動作を表しても話し手(語り手)は外からの観察者の視点で描写しているのだとしている。このように、事実条件を表す「と」の後件は、話し手が外部の観察者としての視点で新たに認識した事態を表すという特徴があると言えよう。

ところが、このような特徴は「-자」にも見られる。以下の例文はいずれも後件が話し手の意図的動作を表しているが、話し言葉においては不自然であるのに対し、書き言葉においては自然である[11]。

---

11) 金智賢(2018:98)でも述べられているように、「-자」は主に書き言葉で用いられる形式であり、文体的な理由により、話し言葉において不自然となるのかもしれな

(25) 그가 자리를 옮겨 세면대 앞으로 가자, 나는 얼른 구둣솔을 집어들고 그의 발 뒤로 가 쪼그리고 앉아서 구두의 먼지를 맹렬히 털어냈다. (BREO0313)
(彼が席を立ち、洗面台の前に行くと、私は素早く靴ブラシをつかみ取り、彼の後ろに行き、しゃがんで靴の埃を勢いよく払い落とした)

(26) 엄마가 돌아오자 나는 목욕을 했다.
(윤정기 2010:101 を一部改変)
(母が帰ってくると、僕はお風呂に入った)

　このようなことは、「-자」も外部からの観察者の視点で新たに認識した事態を表す特徴を持っていることを意味する。
　しかし、事実条件を表す「と」と異なり、前件と後件が共に話し手の意図的動作を表す場合には、文体に関係なく、「-자」の使用が不自然になる。

(27) ?나는 집에 돌아오자 목욕을 했다.
(윤정기 2010:101 を一部改変)
(僕は家に帰るとお風呂に入った)
(28) ?나는 웃옷을 벗자 옷걸이에 걸었다. (作例)
(僕は上着を脱ぐと、ハンガーにかけた)

　これは、3.2.節でも述べたように、「-자」は前件の事態が何らかの状況として機能し、その状況において後件の事態が成立した、もしくは後件の事態を発見したことを表す場合にのみ自然であるが、(27)と(28)は同じ動作主による意図的動作が連続して行われたことを表しており、動作主にとって必要な順序を表しているため、書き言葉においても不自然になると言える。
　以上、事実条件を表す「と」と「-자」の後件は、話し手が外部の観察者としての視点で新たに認識した事態を表すという点で類似すると言えよう。

い。またこれは、事実条件を表す「と」についても同様のことが言えると思われる。

3.5. 「しないと」と「しないでいると」、「-지 않자」

　事実条件を表す「と」と「-자」を対照するにあたり考察対象としなければならないもう一つの場合に、否定形と接続する場合がある。事実条件を表す「と」が否定形と接続した形の「しないと[12]」は不自然であるのに対し、「-자」が否定形と接続した形の「-지 않자[13]」は自然である。

　　　(29) a. 彼が{答えずにいると/?答え<u>ないと</u>}、カンが肘で彼の胸をトンとつついた。　　　　　　　　　　　　　　　　　　(世界:98)
　　　　　 b. 그가 대답하<u>지 않자</u>, 강이 팔꿈치로 그의 가슴을 툭 쳤다.
　　　　　　　　　　　　　　　　　　　　　　　　　　(세계:168)
　　　(30) a. 私が電話に{出ないでいたら/?<u>出ないと</u>}、母はメールを送ってきた。　　　　　　　　　　　　　　　　　　(マイ:226)
　　　　　 b. 내가 전화를 받<u>지 않자</u> 엄마는 문자메시지를 보내왔다.
　　　　　　　　　　　　　　　　　　　　　　　　　　(달콤:218)

　このように「しないと」が不自然になる理由について、宮部(2017:111)は「否定形で表される事柄は、現実世界において「ないことがら」あるいは「非存在のことがら」であり、それが具体的などの時点に生起したものであるかということを捉えることは難しい」と述べ、時間的な関係が捉えられないためであると主張している。
　しかしこのような説明では、「しないと」の代わりに「しないでいると」や「せずにいると」の形が用いられた場合でも、否定形で表される事態は現実世界において非存在の事態を表していることには変わりないため、同様の理由によって文は不自然になることが考えられる。だが、(29)は「せずにいると」の形が自然な文であり、また、(30)も「しないと」を「しないでいると」や「せずにいると」に置き換えると自然な文になる。

　　　(31) 彼が{答え<u>ないでいると</u>/答え<u>ずにいると</u>}、カンが肘で彼の胸

---

[12] 正確には「動詞の未然形＋ないと」と記すべきであるが、本稿では便宜上「しないと」と呼ぶことにする。「しないでいると」も同様である。
[13] 現代韓国語において否定を表す副詞として「안」も存在するが、本稿では便宜上より広い範囲で用いられる「-지 않자」に統一することにする。

をトンとつついた。
(32) 私が電話に｛出ないでいると/出ずにいると｝、母はメールを送ってきた。

　このようなことから、事実条件を表す「と」は、その使用において、事態が現実世界において存在するか否かは問題にしないと言える。事態が現実世界において実現しなくても、話し手の認識世界において存在すれば、事実条件を表す「と」は自然に用いられるのである。そしてこれは、3.1.節で話し手の認識世界における事態成立の時間関係を表すと述べたのとも共通する。
　にもかかわらず、「しないと」と「しないでいると」で違いが生起するのは、事実条件を表す「と」を用いる際、否定形で表される事態が現実世界において実現されていない状態が続いている最中に、後件の事態が起こったことを表すためであると考える[14]。例えば、(29)は彼が答えるという事態が実現されていない状態が続いている最中に、カンが肘で彼の胸をつついたことを表しており、(30)も電話に出るという事態が実現されていない状態が続いている最中に、母がメールを送ってきたことを表している。そしてこのような現象は、前件が現実世界において実現された事態を表す場合においても同様である。3.1.節で挙げた(4)～(10)を再度見てみると、事態が完結したことを表す場合には「すると」の形が用いられており、事態が完結せず続いている場合には「していると」の形が用いられている。すなわち、3.3.節で確認したように、事実条件を表す「と」は前件と後件が同一場面での事態を表すが、現実世界において実現されていない事態はその完結を捉えることが難しいため、自然に「しないと」が不自然になるのである[15][16]。

---

[14]　「しない」と「しないでいる」の違いについて、工藤(1996：131)は、前者は「完成性の否定」を表し、後者は「否定(非現実)状態の継続性」を表すとしている。
[15]　「しないと」が不自然なのは「と」が事実条件を表す場合のみであり、一般条件や仮定条件を表す場合には「しないと」も自然に用いられる。鈴木(1986：59)によると、「と」は事実条件を表す用法から一般条件、仮定条件を表す用法も持つようになったというが、「と」の用法が広がっていく過程において「しないと」が用いられるようになったと考えられる。
[16]　「していないと」の形も不自然である。工藤(1996：131)によると、「していない」は「肯定的想定としてある(動作・結果)継続性の否定(打ち消し)」を表し、現実世界

一方、「-자」は前件の事態が否定形で表されても「-지 않자」は自然である。これは、「-자」を用いる際、前件の事態が現実世界において実現されていなくても、実現されなかったこと自体を一つの完結した事態として捉えるためであると考えられる。すなわち、前件の事態が現実世界において実現されていないことを認識した時点から後件の事態が起こる直前までを一つの完結した事態として捉え、それが何らかの状況として機能し、その状況において成立した後件の事態を新たに認識したことを表すのである。

　なお、このような日本語と韓国語での相違は、井上(2011)の「しなかった」と「안 했다」についての指摘と似通う部分があると思われる。井上(2011:31)によれば、日本語の「しなかった」は発話時以前には出来事が実現されずに終わったことを表すのに対し、韓国語の「안 했다」は発話時以前における出来事の不存在を述べるだけだという。すなわち、現実世界において実現されていない事態が発話時において続いている場合、日本語の「しなかった」は用いられないのに対し、韓国語の「안 했다」は現実世界において実現されていない事態が発話時以前に存在さえすれば、自然に用いられるのである。

　以上、事実条件を表す「と」と「-자」がそれぞれ否定形と接続した場合、「しないと」は不自然であるのに対し、「-지 않자」は自然であることを確認した。また、「しないでいると」も合わせて考察することによって、事実条件を表す「と」と「-자」における前件の事態に対する捉え方に違いがあることも確認した。

3.6. 事実条件を表す「と」と「-자」の使用条件

　ここでは、以上の分析で明らかになった点をまとめつつ、事実条件を表す「と」と「-자」の使用条件について考えることにする。まず、ここまで明らかになった点は、以下の表1のようにまとめることができるだろう。

において実現されていない状態の継続を表さないためと言える。

【表1】事実条件を表す「と」と「-자」の自然/不自然な条件

		事実条件を表す「と」	「-자」
前件	事態が状況として機能	○	○
	事態が単に後件の事態を先行	○	×
	否定形と接続	×	○
前・後件	認識世界における事態成立の時間関係	○	○
	同一場面である場合	○	○
	同一場面ではない場合	×	○
後件	外部の視点から新たに認識した事態	○	○

　表1からもわかるように、事実条件を表す「と」は、話し手の認識世界における事態成立の時間関係を表すが、前件が何らかの状況として機能する事態を表す場合のみならず、単に先行して成立した事態を表す場合にも自然に用いられていた。単に先行して成立した事態を表すことができるということは、前件と後件の事態間の関係は問題にせず、単に二つの事態の時間関係を表す形式であると言える。だが、前件と後件の事態は同一場面で行われた事態でなければならなく、また、後件の事態は話し手が外部の視点から新たに認識した事態でなければならなかった。このことから、事実条件を表す「と」の使用条件について以下のように言うことができるだろう。

　　(33) 事実条件を表す「と」の使用条件：話し手が、前件に表される
　　　　 事態を認識し、同一場面において、後件に表される事態を外部
　　　　 の視点から新たに認識したことを表す際に用いられる。

　一方、「-자」も話し手の認識世界における事態成立の時間関係を表すが、前件が何らかの状況として機能する事態を表す場合は自然に用いられるのに対し、前件が単に後件の事態を先行して成立した事態を表す場合には不自然であった。また、事実条件を表す「と」と同様、後件は話し手が外部の視点から新たに認識した事態を表さなければならなかったが、前件と後件の事態が必ずしも同一場面での事態である必要はなかった。このことから、「-자」の使用条件については、以下のように言うことがで

きると思われる。

 (34) 「-자」の使用条件：話し手が、前件に表される事態を認識し、その事態が何らかの状況として機能し、その状況において後件に表される事態を外部の視点から新たに認識したことを表す際に用いられる。

このような事実条件を表す「と」と「-자」の使用条件の違いから両形式の間に相違が生起すると言えよう。

4. おわりに

 事実条件を表す「と」と「-자」は、従来の研究において時間的前後関係を表すという点で類似するとされていた。しかし、全ての環境において両形式が対応関係をなすわけではないにもかかわらず、両形式の相違点への言及はあまり見当たらない。このような点を踏まえ、本稿では、事実条件を表す「と」と「-자」の類似点と相違点を明らかにすることを試みた。その結果、以下のようなことが明らかになった。

① 事実条件を表す「と」と「-자」は、話し手の認識世界における事態成立の時間関係を表す点や、前件の事態が何らかの状況として機能し、その状況において後件の事態を認識したことを表す点、また、後件は話し手が外部の視点から新たに認識した事態を表すという点において類似する。
② 前件と後件の事態が動作主にとって必要な順序を表し、前件の事態が単に後件の事態を先行して成立したことを表す場合、事実条件を表す「と」は自然であるのに対し、「-자」は不自然である。
③ 前件と後件が同一場面で成立した事態でない場合や、否定形と接続した場合、「-자」は自然であるのに対し、事実条件を表す「と」は不自然である。

 なお、以上のような両形式の類似点と相違点から、以下のように両形式の使用条件を導き出すことができた。

④ 事実条件を表す「と」は、話し手が、前件に表される事態を認識し、同一場面において、後件に表される事態を外部の視点から新たに認識したことを表す際に用いられる。
⑤ 「-자」は、話し手が、前件に表される事態を認識し、その事態が何らかの状況として機能し、その状況において後件に表される事態を外部の視点から新たに認識したことを表す際に用いられる。

　事実条件を表す「と」と「-자」について論じた従来の研究は、主に両形式の類似点に注目しており、両形式の相違点についてはあまり言及していなかった。しかし類似点のみでは、両形式が全く同様の環境において用いられると思われてしまう可能性がある。このような点から、本稿で明らかになったことは、このような問題点を解消したという点において意義があると思われる。なお、事実条件を表す「と」が「しないと」の形で用いられる場合は不自然であるのに対し、「しないでいると」の形で用いられる場合は自然である理由を明らかにしたことや、「-자」が単に時間的前後関係を表す形式ではないということを明らかにしたことなど、それぞれの先行研究の説明では不十分であった部分を明らかにすることができた点においても有意義であると思われる。
　一方、本稿では、「と」が事実条件を表す場合に絞って「-자」と対照分析を行ったため、両形式が対応関係をなさない場合、代わりに用いられる形式への言及や、「と」が仮定条件などを表す場合への言及、「-자」が「-이자」や「-았자」の形で用いられる場合などへの言及はできなかった。「と」と「-자」の特徴を明らかにするためにも、また現代日本語と現代韓国語における接続助詞のカテゴリー形成を明らかにするためにも、ほかの形式も対照分析を行う必要があると考えられる。これらは、今後の課題としたい。

参考文献

井上優(2011)「動的述語のシタの二義性について」『国立国語研究所論集』1, 21-34, 国立国語研究所
金智賢(2018)『現代日本語と韓国語における条件表現の対照研究』東京：

ひつじ書房
工藤真由美(1996)「否定のアスペクト・テンス体系とディスコース」『ことばの科学：言語学研究会の論文集 7』東京：むぎ書房
久野暲(1973)『日本文法研究』東京：大修館書店
言語学研究会・構文論グループ(1988)「時間・状況をあらわすつきそい・あわせ文(1)」『教育国語』92，2-13，東京：むぎ書房
鈴木義和(1986)「接続助詞「と」の用法と意味」『國文論叢』13，51-61，神戸大学国語国文学会
鈴木義和・孫哲(2010)「日本語と韓国語の条件文の対照研究」『国文論叢』43，52-31，神戸大学文学部国語国文学会
豊田豊子(1978)「接続助詞「と」の用法と機能(Ⅰ)」『日本語学校論集』5，28-46，東京外国語大学外国語学部附属日本語学校
豊田豊子(1979a)「発見の「と」」『日本語教育』36，91-105，日本語教育学会
豊田豊子(1979b)「接続助詞「と」の用法と機能(Ⅲ)」『日本語学校論集』6，92-110，東京外国語大学外国語学部附属日本語学校
豊田豊子(1982)「接続助詞「と」の用法と機能(Ⅳ)」『日本語学校論集』9，1-16，東京外国語大学外国語学部附属日本語学校
名嶋義直(2000)「条件表現に関する日韓対照一考察」『小出記念日本語教育研究会論文集』8，69-81，小出記念日本語教育研究会
日本語記述文法研究会(2008)『現代日本語文法 6　第 11 部　複文』東京：くろしお出版
蓮沼昭子(1993)「「たら」と「と」の事実的用法をめぐって」，益岡隆志(編)『日本語の条件表現』，73-96，東京：くろしお出版
八野友香(2008)「条件表現の「と」と「たら」における非仮定性について－韓国語との対応関係から－」『일어일문학연구』65，269-287，한국일어일문학회
前田直子(2009)『日本語の複文 条件文と原因・理由文の記述的研究』東京：くろしお出版
宮部真由美(2017)『現代日本語の条件を表す複文の研究－ト条件節とタラ条件節を中心に－』京都：晃洋書房
尹亭仁編(2014)『身につく韓日・日韓辞典』東京：三省堂

김선영(2013)「확정조건「と」「たら」의 한국어 대응관계 분석」『언어학연구』18, 25-48, 한국언어연구학회
서정수(1994)『국어문법』서울 : 뿌리깊은나무
송선애(2006)「기정조건표현의 한일 대조연구」『일본문화연구』17, 123-142, 동아시아일본학회
윤정기(2010)「'-자'와 '-자마자'의 상관성 고찰」『한국언어문학』74, 91-118, 한국언어문학회
윤평현(1992)「국어의 시간관계 접속어미에 대한 연구」『언어학』17(1), 163-202, 한국언어학회
이익섭(2005)『한국어 문법』서울 : 서울대학교출판문화원
이정택(1995)「'-자,-자마자,-았자'의 의미와 문법」『애산학보』17, 71-97, 애산학회

用例出典

・単行本

表記	タイトル	発行年度	著者	出版社
ナオミ	『ナオミとカナコ』	2014年	奥田 英朗	幻冬舎
ナミヤ	『ナミヤ雑貨店の奇跡』	2012年	東野 圭吾	角川書店
母性	『母性』	2012年	湊 かなえ	新潮社
無痛	『無痛』	2006年	久坂部 羊	幻冬舎
달콤	『달콤한 나의 도시』	2006年	정 이현	문학과지성사
세계	『세계의 끝 여자친구』	2009年	김 연수	문학동네

・翻訳本

表記	タイトル	発行年度	訳者	出版社
나오미	『나오미와 가나코』	2015年	김 해용	예담
나미야	『나미야 잡화점의 기적』	2012年	양 윤옥	현대문학
모성	『모성』	2013年	김 혜영	북폴리오
무통	『무통』	2016年	김 난주	예문아카이브
マイ	『マイスウィートソウル』	2007年	清水 由希子	講談社
世界	『世界の果て、彼女』	2014年	呉 永雅	クオン

・21世紀世宗コーパス

表記	タイトル	発行年度	出版社
BREO0313	이상한 나라에서 온 스파이	2003年	창비

【要旨】

事実条件を表す現代日本語「と」と現代韓国語「-자」の対照

尹 聖 樂

　본고는 사실 조건을 나타내는 현대 일본어 'と'와 현대 한국어 '-자'의 공통점과 차이점을 살펴보았다. 일반적으로 조건을 나타내는 'と'는 '-면'과 대응하는 것으로 알려져 있으나, 'と'가 사실 조건을 나타낼 경우에는 '-면'과는 대응하지 않고 주로 '-자'와 대응한다. 그러나 사실 조건을 나타내는 'と'와 '-자' 사이에 공통점과 차이점이 존재함에도 불구하고, 기존의 연구에서는 두 형식의 공통점만이 언급되고 있다. 이에 본고는 사실 조건을 나타내는 'と'와 '-자'를 대조 분석하여 공통점과 차이점을 밝히고자 하였다.
　　그 결과, 사실 조건을 나타내는 'と'와 '-자'는 화자의 인식세계에 있어서의 성립순서를 나타내는 점과 전건의 사태가 어떠한 상황으로서 기능하고, 후건의 사태가 성립된 것을 나타내는 점, 그리고 후건은 화자가 외부의 시점에서 새롭게 인식한 사태를 나타내는 점에 있어서 공통점을 가지나, 동작주에게 있어서 필요한 순서를 나타내어 단순히 전건의 사태가 후건의 사태에 선행하여 성립된 것을 나타내는 경우에는 '-자'가 부자연스럽고, 전건과 후건의 사태가 각각 다른 장면에서 성립된 경우나 부정형과 결합한 경우에는 사실 조건을 나타내는 'と'가 부자연스러운 점에 있어서 차이점을 가지는 것을 알 수 있었다.
　또한, 이러한 공통점과 차이점을 통해 두 형식의 사용 조건도 확인할 수 있었는데, 사실 조건을 나타내는 'と'는 화자가 전건에 나타나는 사태를 인식하고, 동일한 장면에서 후건에 나타나는 사태를 외부 시점에서 새롭게 인식한 것을 나타낼 때 사용되는 반면, '-자'는 화자가 전건에 나타나는 사태를 인식하고, 그 사태가 어떠한 상황으로서 기능하며, 그 상황에서 후건에 나타나는 사태를 외부의 시점에서 새롭게 인식한 것을 나타낼 때 사용된다.

【キーワード】事実条件,「と」,「-자」, 日韓対照

案内文・告知文に現れる朝鮮語の'Ⅲ-야 하다'と それに対応する日本語の表現

平　香織（たいら・かおり）

1. はじめに

　朝鮮語にはⅢ-야 하다[1]という当為や義務を表す形式があり、日本語の「～なければならない」に相当するとされる。しかし同じ状況であっても、これらの形式が一対一で対応するとは限らない(下線は本稿筆者による)。

(1) a. 지분대로 참여할 경우, 산업은행은 약 5100 억원을 <u>부담해야 한다</u>.(중앙일보 [사설]「한국 GM, 지원 받으려면 뼈 깎는 자구 노력이 우선」2018.02.13)[2]
　　a´. 持ち株比率に基づく場合、産業銀行は約5100億ウォンを<u>負担しなければならない</u>。(中央日報日本語版【社説】「韓国GM、支援を受けるには骨身を削る努力が先だ」2018.02.13)[3]

(2) a. 이사가 완료된 DSi 웨어는 DSi 본체에서 더 이상 플레이할 수 없게 됩니다. 다시 플레이하려면 DSi 포인트를 사용해서 <u>다시 구입해야 합니다</u>.(Nintendo「기타 설정」닌텐도 2DS 사용설명서 p.63)[4]
　　a´. 引っ越しした DSi ウェアは、DSi/DSi LL 本体で遊べなくなります。もう一度遊べるようにするには、DSi ポイントを使って<u>購入し直す必要があります</u>。(任天堂「その他の設定」ニンテンドー2DS取扱説明書 p.66)[5]

---

[1] 本稿で用いるローマ数字Ⅰ、Ⅱ、Ⅲはそれぞれ第Ⅰ語基、第Ⅱ語基、第Ⅲ語基を表す。語基については菅野(1991)を基にしている。先行研究を直接引用する場合を除いて、すべて語基で表記する。
[2] https://news.joins.com/article/22367643
[3] https://japanese.joins.com/article/j_article.php?aid=238593
[4] http://www.nintendo.co.kr/3DS/customer/2DSmanualkor_130930.pdf
[5] https://www.nintendo.co.jp/support/3ds/pdf/2ds_manual.pdf

行為の主体が第三者である(1)はⅢ-야 하다と「〜なければならない」が対応しているが、行為の主体に読み手が含まれる(2)では対応していない。(2)は機器の使用者に向けて発信され、行為を課される読み手が限定されているが、それでも日本語では「〜なければならない」が使用されにくいと思われる。その理由は、何かを指示したり、行動を促したりする場合に、その行為を当然すべきこと、義務化されたこととして提示すると、読み手が不快感を覚える恐れがあるためと考えられる。では、日本語ではどのような表現を用いるのだろうか。

本稿では、読み手に対して行為を指示する案内文・告知文を用いて、次のことを明らかにする。まず、Ⅲ-야 하다で表される事態が、その後に起こる事態の必須条件になるという先行研究の指摘に基づき、必須条件を満たすことでどのような事態が可能になるかという観点から用例を分類する。それにより、Ⅲ-야 하다が読み手にどのような条件を提示しているのかを明らかにする。次に、Ⅲ-야 하다で示された条件の提示と同じ状況で使用される日本語の表現を観察する。最後にどのような場合に日本語の「〜なければならない」が使用されるのかを示す。

2. 先行研究および問題提起
2.1. Ⅲ-야、Ⅲ-야 하다に関する先行研究

Ⅲ-야 하다はⅢ-야と動詞하다[6]で構成された分析的な形[7]である。まず、Ⅲ-야に関する先行研究を見てみると、Ⅲ-야が表す条件とⅡ-면が表す条件の違いを考察した研究(이상태 1977)や、Ⅲ-야が条件と譲歩という2つの意味を表す理由を論じた研究(구종남 1998)、Ⅲ-야の使用を語用論的な観点から考察した研究(임칠성 1996、李鍾喆 1997)などがある。ここでは本研究に直接関連する임칠성(1996)の研究を概観する。

임칠성(1996)はⅢ-야の語用論的特徴として、ある望みが成就することを願っているという前提のもとでのみ使用されると指摘した(例文3〜例文6の下線、日本語訳は本稿筆者による)。

---

6) Ⅲ-야 하다の하다について최현배(1955)は補助動詞と見ているが、서정수(1990)は代動詞と見ている。
7) 菅野(1991)は、補助的な単語を含む2単語以上からなる文法的な形を分析的な形と呼んでいる。本稿でもこの用語を使用する。

(3) a. 산에 가야 범을 잡는다. (임칠성1996:64)
　　 山に行ってはじめて[8]トラを捕まえる。
　 b. 범을 잡으려면 산에 가야 한다. (임칠성1996:65)
　　 トラを捕まえるなら山に行かなければならない。
　 c. 산에 가야 범을 잡을 수 있다. (임칠성1996:76)
　　 山に行ってはじめてトラを捕まえることができる。

(3a)を'S_1어야 S_2'、(3b)を'S_2'려면 S_1어야 한다.'(S＝situation)のように考えた場合、S_2'려면に当たる内容が、望んでいる具体的な内容になると説明している。そしてⅢ-야 하다は、(3c)のようにⅢ-야 어찌어찌할 수 있다の形に変えて使うことができるが、このように形を変えることができるのは、後行節の内容が関連する誰かの望みに肯定的である場合に限られるとしている[9]。

次にⅢ-야 하다に関する既存の研究を概観する。Ⅲ-야 하다については、Ⅲ-야が表す必須(必要)条件[10]や「必然」「当為」という意味が、Ⅲ-야 하다の意味にも反映し、条件文の先行節が後行節の必須(必要)条件になることが指摘されてきた(임칠성 1996、李鍾喆 1997、구종남 1998、金智賢 2018)。また、様態(modality)との関連でⅢ-야 하다の意味をどのように位置づけるかを論じたものが見られる(안주호 2005、박재연 2006、임동훈 2008、이동혁 2015)。たとえば、안주호(2005)は'Ⅲ-야 하-/되-'、

---

[8] 金智賢(2018)はⅢ-야を日本語で表すと「てこそ」「てはじめて」などの表現があるにもかかわらず「～なければ、～ない」「～ないと～ない」のような否定の表現になることが一般的であると述べている。
[9] 임칠성(1996)に対して李鍾喆(1997)は、望みと関係なく使用される例を挙げ、Ⅲ-야の語用論的意味を「他の条件の否定」としている。
　 뭘 이런 걸 가지고 다 죽는다고 야단이야. 전쟁이나 일어나야 다 죽지.
　　　　　　　　　　　　　　　　　　　　　　　　　　(李鍾喆 1997:221)
　 「何をこんなことでみんな死ぬなんて騒いでいるんだ。戦争でも起こってこそみんな死ぬんだよ (戦争でも起こらなければみんなが死ぬことなどない)。」
　 後行節の内容である'다 죽다'を誰かが望んでいると見るのは難しいとし、「戦争という状況でなくてもみんな死ぬことがある」と考えた人が提示した条件を否定するために、話し手はⅢ-야を選択したと説明している。
[10] 염재일(2013)では、'p-어야 q 다'は p が q になるための唯一の十分条件(the only sufficient condition)を表すのであって、必須(必要)条件を表すのではないと主張している。

‘Ⅲ-도 되-/좋-’、‘Ⅲ-서는/Ⅱ-면 안 되-’、‘Ⅱ-면 좋-/하-’といった形式で表される義務様態は、話し手あるいは他の要素（社会、倫理、慣習など）が聞き手や文の主語に対して、ある行為を課したり、行為に影響を及ぼす時に使用される表現であるとし、上記の構文の意味機能を程度性の観点から説明している。そして、‘Ⅲ-야 하-/되-’について、‘Ⅲ-야’が、後ろの内容に対する[必須条件]の意味を持つため、ここに‘하-’と‘되-’などの後行用言が結合し、「必然性」という様態の意味が派生したとした。

　임동훈(2008)は義務様態について、話し手による許可や義務なのか、一般的な必要性や可能性を表すのかの判断が難しい場合があると述べ、次の例を挙げている。

　　(4) a. 신발을 벗어야 합니다.
　　　　　靴を脱がなければなりません。
　　　　b. (현관 앞에 서 있는 외국인에게) 신발을 벗어야 합니다.
　　　　　(玄関の前に立っている外国人に) 靴を脱がなければなりません。
　　　　c. 한국에서는 실내에 들어갈 때 신발을 벗어야 합니다.
　　　　　韓国では室内に入る時、靴を脱がなければなりません。
　　　　　　　　　　　　　　　　　　　　（임동훈2008:227）

　同研究では(4a)について、(4b)のように話し手が聞き手に対してある義務を課す主観的な義務様態としての解釈と、(4c)のように一般的な規範に言及した客観的な義務様態としての解釈が可能であるとした。

　이동혁(2015)は、これまでのⅢ-야 하다の議論に対して大きく二つの問題点を指摘している。一つ目は、Ⅲ-야 하다の意味を「行為を課すこと」や「行為に影響を及ぼすこと」のように「行為」に限定した点と義務様態の定義として「道徳性」[11]を述べている点である。Ⅲ-야 하다が行為のみを表すわけではなく、また、道徳性は行為に基盤を置くことから、これまでの特徴づけでは次の(5)のような例は説明できないとしている。

　　(5) a. 클래식 음악을 들으려면 일단 기분이 좋아야 한다.

---

11) 임동훈(2003:140)の「実世界での行動を対象としてこれが道徳的、法的に理想的な状況とどの程度一致するのかを表現する」という義務様態の定義に対するものである。

クラシック音楽を聴こうとするならまずは気分が<u>よくなけれ
ばならない</u>。
b. 이 사회가 건강하기 위해서는 나부터가 건전한 <u>비판자여야
한다</u>.　　　　　　　　　　　　　　　(이동혁 2015:107)
この社会が健康であるためには、まず自分が<u>健全な批判者でな
ければならない</u>。

　二つ目は、様態(modality)の概念を「命題内容に対する話し手の心理的態度」とするならば、「義務を課すこと」や「行為に影響を及ぼすこと」とされてきたⅢ-야 하다の意味は、話し手の心理的態度ではないため、様態の意味とは見ることができないという点である。このような問題を提起しながら、Ⅲ-야 하다で表される事態がそれ以降に発生する事態の必須条件になるとし、条件の強度に対する話し手の判断を表すものと説明した。

(6) 기차를 타기 위해서는 새벽 5시에 <u>일어나야 한다</u>.
　　　　　　　　　　　　　　　　　　(이동혁 2015:105)
　　汽車に乗るためには朝5時に<u>起きなければならない</u>。

　同研究は例文(6)を挙げ、便宜上、汽車に乗るという事態を Fe、朝5時に起きるという事態を De とした[12]。時間の線でだけ見ると De>Fe の順序で De と Fe が前後関係にあるが、単純に時間的な前後関係だけでなく、朝5時に起きなければ汽車に乗れないため、Fe は De を必須条件とみなさなければ成立しない事態であると述べている。このように考えることによって、形容詞や指定詞と共起した例も説明できるとした。

2.2. 先行研究における問題点
　これまでの研究によって、Ⅲ-야 하다の意味・用法が明らかになりつつあるが、次のような問題が残っている。先行研究で挙げられた例文を見ると、靴を脱ぐことで室内に入ることができ(例文4)、朝5時に起きるこ

---

[12] Fe は Future event、De は Deontic event のことである(私信による)。

とで汽車に乗ることができる(例文6)というように、必須条件を満たすことで可能になる事態が明らかであった。しかし、必須条件を満たすことで可能になる事態がいつも明示的なわけではない。

(7) a. 본 카메라에 탑재된 Wi-Fi 기능을 사용할 때는 반드시 Wi-Fi 보안에 대한 올바른 지식을 <u>가지고 있어야 하며</u>, 보안 설정을 조정할 때는 위험과 편리성을 균형 있게 <u>고려해야 합니다</u>. (Canon 「Wi-Fi(무선 LAN 주의 사항)」 PowerShot G3 X 카메라 설명서 p.218)[13]

a´. Wi-Fi のセキュリティーについて理解し、利便性とリスクのバランスをよく考えたセキュリティーに関する設定を行った上で、本製品の Wi-Fi 機能をお使いいただくことをおすすめします。(Canon「セキュリティーについて」PowerShot G3 X カメラユーザーガイド p.415)[14]

(8) a. 화장품을 사용하여 다음과 같은 이상이 있는 경우에는 사용을 <u>중지하여야 하며</u>, 계속 사용하면 증상이 악화되므로 피부과 전문의 등에게 상담하여 주십시오.

(アムウェイ ARTISTRY　HYDRA-V 外箱: 11-7647-V)

a´. 化粧品がお肌に合わない場合には、ご使用を中止し、皮膚科専門医等にご相談されることをおすすめします。そのままご使用を続けられると症状を悪化させることがあります。

(アムウェイ ARTISTRY　HYDRA-V 外箱: 11-7647-V)

(7)はWi-Fi に関する正しい知識が必要であること、セキュリティーの設定を調整する場合には、危険と利便性を考慮しなければならないことがⅢ-야 하다を使って述べられている。しかし、正しい知識がなくてもWi-Fi の使用は可能であり、危険と利便性を考慮せずに設定を調整することも可能であるため、正しい知識や危険と利便性の考慮を必須条件とした時に可能となる事態が何であるかは、はっきりしない。(8)も肌に異

---

13) http://support-kr.canon-ci.co.kr/contents/KR/KR/0302068701.html
14) https://cweb.canon.jp/manual/digitalcamera/index.html

常が見られた場合には使用を中止しなければならないことがⅢ-야 하다を使って述べられているが、化粧品の使用を中止することを必須条件とした場合に、どのような事態が可能になるのか、文面からは明らかではない。Ⅲ-야 하다が表す事態を必須条件とみなすことに異論はないが、(7)、(8)に見るように可能になる事態が明確でない場合にもⅢ-야 하다の使用は可能である。では、可能になる事態が明らかな場合とそうでない場合の違いはどこにあるのだろうか。

3. 必須条件と可能になる事態から見るⅢ-야 하다の分類

本章では、必須条件を満たすことで可能になる事態は何かという観点からⅢ-야 하다の使用例を分類する。

(9) a. 앨범을 <u>생성하려면</u> 메모리 카드에 여유 공간이 <u>있어야 합니다</u>. 기본적으로 16GB 이상의 메모리 카드를 사용하고 최소 1GB 의 여유 공간을 확보하십시오. (Canon「앨범 확인하기 (스토리 하이라이트)」PowerShot G3 X 카메라 설명서 p.130)[15]

a′. また、アルバムの<u>作成には</u>カードの空き容量が<u>必要となる</u>ため、目安として16 GB 以上のカードを使用し、1 GB 以上の空き容量を残してください。(Canon「アルバムを見る(ストーリーハイライト)」PowerShot G3 X カメラユーザーガイド p.237)[16]

(10) a. 이사가 완료된 DSi 웨어는 DSi 본체에서 더 이상 플레이할 수 없게 됩니다. 다시 <u>플레이하려면</u> DSi 포인트를 사용해서 <u>다시 구입해야 합니다</u>. (=2a)

a′. 引っ越しした<u>DSi ウェアは、DSi/DSi LL 本体で遊べなく</u>なります。もう一度<u>遊べるようにするには</u>、DSi ポイントを使って<u>購入し直す必要があります</u>。(=2a′)

(9)はデジタルカメラのアルバム作成機能に関する内容であり、(10)はゲーム機のデータ移動に関する内容である。Ⅲ-야 하다を使用して、カー

---

15) 脚注 13)に同じ
16) 脚注 14)に同じ

ドに空き容量が必要なこと、DSi ポイントを使って購入し直す必要があることが述べられている。2例とも意図・目的を表すⅡ-려면(〜しようとするなら)を使って、'생성하려면(作成しようとするなら)'、'플레이하려면(遊ぼうとするなら)'と表現し、この行為の主体が読み手であることを仮定している。それぞれの必須条件と可能になる事態を確認しよう(下線、日本語訳は本稿筆者による)。

(9´) a. 앨범을 <u>생성하려면</u> 메모리 카드에 여유 공간이 <u>있어야</u> 합니다.
　　　アルバムを<u>作成しようとするなら</u>メモリーカードに空き容量が<u>なければなりません</u>。
　　b. 메모리 카드에 여유 공간이 <u>있어야</u> 앨범을 <u>생성할 수 있습</u>니다.
　　　メモリーカードに空き容量が<u>あってはじめて</u>アルバムを<u>作成できます</u>。
　　c. 메모리 카드에 여유 공간이 <u>없으면</u> 앨범을 <u>생성할 수 없습</u>니다.
　　　メモリーカードに空き容量が<u>なければ</u>アルバムを<u>作成できません</u>。

(10´) a. 다시 <u>플레이하려면</u> DSi 포인트를 사용해서 <u>다시 구입해야</u> 합니다.
　　　もう一度<u>遊ぼうとするなら</u>、DSi ポイントを使って<u>購入し直す必要があります</u>。
　　b. DSi 포인트를 사용해서 <u>다시 구입해야</u> 다시 플레이할 수 있습니다.
　　　DSi ポイントを使って<u>購入し直してはじめて</u>もう一度遊ぶことができます。
　　c. DSi 포인트를 사용해서 <u>다시 구입하지 않으면</u> 다시 플레이할 수 없습니다.
　　　DSi ポイントを使って<u>購入し直さなければ</u>もう一度遊ぶことができません。

(9´a)、(10´a)はアルバムの作成や本体でもう一度遊ぶことを意図・目的と仮定し、それを実現させるためにはⅢ-야 하다で述べられた行為が必須条件であることを示している。この文は임칠성(1996)が述べたとおり、Ⅲ-야を使って「～してはじめて…が可能となる」という書き換えが可能17)である(9´b、 10´b)。また、(b)には(c)の意味が含まれる。全ての文が成立するため、(9)、(10)は必須条件の実行によって可能となる事態が明らかな例と言える。
　では、次の例はどうだろうか。

(11) a. 알루미늄 호일을 오븐의 벽에서 적어도 2 cm 떨어뜨려 놓아야 합니다.(Miele「전자레인지에 사용할 수 있는 용기」제품 설치 및 사용설명서 콤비오븐 H 6400 BM p. 58)18)
　　 a´ アルミホイルは壁から常に 2 cm 以上離してください。(Miele「電子レンジでの使用に適した容器」コンパクトオーブン(電子レンジ機能付)H6400BM p.57)19)

(12) a. 이 약을 사용하기 전에 반드시 첨부 문서를 주의 깊게 읽어야 하며, 첨부 문서는 항상 약과 함께 보관하시기 바랍니다. (「보령구심 환」)20)
　　 a´ この説明書は、お薬とともに保管し、服用の際には、必ずお読みください。(「生薬製剤 救心」)21)

　(11)はオーブンの取扱説明書、(12)は薬の説明書である。(11)ではアルミホイルを使用する場合には壁から2 cm以上離さなければならないことが、(12)では当該薬品を服用する前に説明書を読むことがⅢ-야 하다に

---

17) 임칠성(1996)、李鍾喆(1997)は、Ⅲ-야が望まれる事態についてのみ使用されるかどうかを議論しているが、不特定多数の人が目にする書きことばの場合、望まれない否定的なことを記すのは稀であると思われる。
18) https://www.miele.com/pmedia/ZGA/TX3587/10230520-000-00_10230520-00.pdf
19) https://www.miele.co.jp/pmedia/ZGA/TX3587/10230500-000-02_10230500-02.pdf
20) http://www.boryung.co.kr/product/search_detail.do?SEQ=11
21) http://www.kyushin.co.jp/brand/pdf/kyushin.pdf

よって指示されている。では、(11)、(12)はこれらの必須条件を満たすことで、どのような事態を可能にするのだろうか(下線、日本語訳は本稿筆者による)。

(11′) a. 알루미늄 호일을 <u>사용하려면</u> 알루미늄 호일을 오븐의 벽에서 적어도 2 cm <u>떨어뜨려 놓아야 합니다</u>.
アルミホイルを<u>使用しようとするなら</u>、アルミホイルをオーブンの壁から少なくても2 cm <u>離さなければなりません</u>。
b. 오븐의 벽에서 적어도 2 cm <u>떨어뜨려 놓아야</u> 알루미늄 호일을 <u>사용할 수 있습니다</u>.
オーブンの壁から少なくても2 cm <u>離してはじめて</u>アルミホイルを<u>使用</u>できます。
c. 오븐의 벽에서 적어도 2 cm <u>떨어뜨려 놓지 않으면</u> 알루미늄 호일을 <u>사용할 수 없습니다</u>.
オーブンの壁から少なくても2 cm <u>離さなければ</u>アルミホイルを<u>使用</u>できません。

(11)を基にして、アルミホイルの使用を読み手の意図・目的と仮定し、それを行うためにはオーブンの壁から 2 cm 離さなければならないという内容の(11′a)を導くことは可能である。しかし、壁から2 cm 離すことを必須条件とした時に、アルミホイルの使用が可能になるとする(11′b)は、条件と結果が一致せず、(11′c)も成立しない。なぜなら、壁から 2 cm 離さなくてもアルミホイルの使用は可能だからである。(12)も同様の説明が可能である(下線、日本語訳は本稿筆者による。なお、分かりやすくするために単文にして提示する)。

(12′) a. 이 약을 <u>사용하려면</u> 반드시 첨부 문서를 주의 깊게 <u>읽어야 합니다</u>.
この薬を<u>使用しようとするなら</u>必ず添付文書を注意深く<u>読まなければなりません</u>。
b. 첨부 문서를 주의 깊게 <u>읽어야</u> 이 약을 <u>사용할 수 있습니다</u>.

添付文書を注意深く読んではじめてこの薬を使用できます。
c. 첨부 문서를 주의 깊게 읽지 않으면 이 약을 사용할 수 없습니다.
添付文書を注意深く読まなければこの薬を使用できません。

　(12)を基にして、薬を使用することを読み手の意図・目的と仮定し、そのためには添付文書を注意深く読まなければならないことを述べた(12´a)を導くことは可能である。しかし(12´b)のように、添付文書を注意深く読むことを必須条件とし、可能になる事態を薬の使用と考えると、注意深く読まなくても薬の使用は可能であるという一般的事実から、(12´b)、(12´c)は成り立たない。
　では、(9)、(10)と(11)、(12)は何が異なるのか。(9)、(10)は必須条件を満たすことと読み手の意図・目的の実現が結びついていた。つまり、条件を満たせば意図や目的が実現し、条件を満たさなければ実現しないという関係である。それに対し、(11)、(12)は必須条件と望ましい事態の実現可能性が結びついていると考えられる。(11)、(12)の書き手は、当該機器で安全にアルミホイルを使用すること、安全に薬を使用することの実現を意図しており、そのために、壁から2 cm離すことや添付書類を読むことを必須条件として挙げている。これを必須条件と見ることで、聞き手が遂行しない場合には不利益や危険性が生じる可能性を暗示する。読み手側は、望まれる事態が明示されていなくても必須条件を実行することで何が可能となるのかを予想でき、必須条件を実行しない場合に被る不利益や危険性を読み取ることができるため、注意喚起の意味が含まれる。
　次の(13)、(14)は、これまで見てきた例とは異なる解釈が必要となる例である。

(13) a. 기내에 반입된 모든 수하물은 반드시 기내 선반 또는 좌석 밑에 보관해야 합니다.(대한항공「휴대수하물 허용량」수하물)[22]
　　 a´. すべての機内持ち込み手荷物は、頭上の収納棚または座席の下にしっかりと収納してください。(大韓航空「機内持ち込み手荷

---

[22] https://kr.koreanair.com/korea/ko/traveling/baggage-services.html

物の収納」手荷物サービス)[23]

(14) a. 체류카드는 항상 <u>휴대해야</u> 하며, 입국심사관, 입국경비관, 경찰관 등이 제시를 요구할 때는 <u>제시하셔야 합니다</u>.
(入国管理局「새로운 체류관리제도가 스타트!」)[24]
a′. 在留カードは常時<u>携帯することが必要</u>で、入国審査官、入国警備官、警察官等から提示を求められた場合には、<u>提示する必要があります</u>。(入国管理局「新しい在留管理制度がスタート!」)[25]

(13)は機内に持ち込んだ荷物の保管場所についての内容であり、(14)は日本に住む外国人に向けた在留カードの携帯と提示に関する内容である。これまでと同じように読み手の意図・目的を仮定し、必須条件と可能になる事態を確認してみよう(下線、日本語訳は本稿筆者による)。

(13′) a. ?비행기를 <u>타려면</u> 기내에 반입된 모든 수하물을 반드시 기내 선반 또는 좌석 밑에 <u>보관해야 합니다</u>.
飛行機に<u>乗ろうとするなら</u>機内に搬入したすべての手荷物を必ず機内の棚あるいは座席の下に<u>保管しなければなりません</u>。
b. ?기내에 반입된 모든 수하물을 반드시 기내 선반 또는 좌석 밑에 <u>보관해야</u> 비행기를 <u>탈 수 있습니다</u>.
機内に搬入したすべての手荷物を必ず機内の棚あるいは座席の下に<u>保管してはじめて</u>飛行機に<u>乗ることができます</u>。
c. ?기내에 반입된 모든 수하물을 반드시 기내 선반 또는 좌석 밑에 <u>보관하지 않으면</u> 비행기를 <u>탈 수 없습니다</u>.
機内に搬入したすべての手荷物を必ず機内の棚あるいは座席の下に<u>保管しないと</u>飛行機に<u>乗ることができません</u>。

---

23) https://www.koreanair.com/content/koreanair/global/ja/traveling/baggage-services.html#allowed-to-bring-unrestricted
24) http://www.immi-moj.go.jp/newimmiact_1/ko/q-and-a_page2.html#q41-a
25) http://www.immi-moj.go.jp/newimmiact_1/q-and-a_page2.html#q41-a

(14′) a. ?일본에 <u>체류하려면</u> 항상 체류카드를 <u>휴대해야 합니다</u>.
　　　　日本に<u>在留しようとするなら</u>常時在留カードを<u>携帯していなければなりません</u>。
　　　b. ?항상 체류카드를 <u>휴대해야</u> 일본에 <u>체류할 수 있습니다</u>.
　　　　常時在留カードを<u>携帯してはじめて</u>日本に<u>在留できます</u>。
　　　c. ?항상 체류카드를 <u>휴대하지 않으면</u> 일본에 <u>체류할 수 없습니다</u>.
　　　　常時在留カードを<u>携帯しないと</u>日本に<u>在留できません</u>。

　飛行機に乗ること、日本に在留することを読み手の意図・目的と仮定した各(a)はいずれも不自然である。なぜ(a)が不自然になるかを考えてみると、(9)〜(12)では「AをするにはBをしなければならない／Bをしてはじめて A が可能となる」というように、必須条件の実行(B)→可能になる事態(A)という順序があった。しかし、(13)、(14)は「飛行機に乗る」「日本に在留する」という事態が先行し、「保管する」「携帯する」という必須条件の実行(B)が要求されている。この点がこれまでと異なる。(13)、(14)で使用されているⅢ-야 하다は、飛行機に乗る状態、日本に在留する状態を継続・持続させるための必須条件を表しており、読み手がこれを拒否すれば、その状態を持続させることが難しくなる。このような必須条件は、規則としての意味合いを持つ。
　以上の考察から、案内文・告知文におけるⅢ-야 하다は、読み手に対して次のような条件を示していることが分かる。

【A】読み手の意図や目的を実現させるための条件を示す
【B】望ましい事態を実現させるための条件を示す：注意喚起としての意味合いを持つ
【C】特定の事態を持続させるための条件を示す：規則としての意味合いを持つ

4. 聞き手に行為を促すための案内文・告知文における日本語の表現

　案内文・告知文で使用されるⅢ-야 하다は、性質の異なる3つの条件

の提示に使用されていることが分かった。それぞれの条件を提示する場合に、日本語では「〜なければならない」が使用されないことは直感的に把握できるが、では、どのように表現されるのだろうか。

4.1. 読み手の意図や目的を実現させるための条件を示す場合

まず、読み手の意図や目的を実現させるための条件を示す【A】に当たる例を見ていこう。

(15) a. 初めてヘッドセットと組み合わせて使う場合は、最初に機器を登録してください。(ソニー「SONY ヘルプガイド」 ワイヤレスノイズキャンセリングステレオヘッドセット WF-1000X p.30)[26]
　　a´. BLUETOOTH 연결을 처음으로 하려면 장치와 헤드셋을 페어링해야 합니다. (SONY「SONY 도움말 안내」무선 노이즈 제거 스테레오 헤드셋 WF-1000X p.29)[27]

(16) a. 作成する際は、本人確認のため、氏名と生年月日が記載されている公的機関発行の本人確認書類（運転免許証、健康保険証、住民票、旅券、年金手帳等）をご提示いただきます（学生証を除く）。(TOKYO DISNEY RESORT「年間パスポート」)[28]
　　a´. 연간패스포트 작성 시에는 본인 확인을 위해 이름과 생년월일이 기재된 본인 확인 서류(여권, 일본 정부가 발행한 신분증 등)를 제시하셔야 합니다(학생증 제외). (TOKYO DISNEY RESORT「연간패스포트」)[29]

(15)はワイヤレスヘッドセットに関する取扱説明書であり、(16)は年間パスポートの作成に関わる注意事項である。機器の登録や本人確認書類の提示が必須条件となり、それらを行うことでヘッドセットの使用、年間チケットの作成が可能になることから【A】に当たる例である。必須条件となる行為を読み手に促すのに、朝鮮語ではⅢ-야 하다が使われてい

---

[26] https://helpguide.sony.net/mdr/wf1000x/v1/ja/print.pdf
[27] https://helpguide.sony.net/mdr/wf1000x/v1/ko/print.pdf
[28] https://www.tokyodisneyresort.jp/ticket/annual.html
[29] https://www.tokyodisneyresort.jp/kr/ticket/index.html

るのに対し、日本語では「〜なければならない」ではなく、依頼形式の「〜てください」や「〜いただきます」という表現が使われている。日本語では【A】に当たる内容に次のような表現も使用されている。

(17) a. 返品・交換商品の返送に伴う配達料金は、お客様都合の場合、お客様のご負担をお願いいたします。(ヨドバシカメラ「返品・交換」)[30]
　　b. 2.1. 返品の条件
　　　・商品の返送費用はお客様のご負担です。(LOHACO「返品・交換について」)[31]
　　c. 不良品の交換は迅速に対応させていただきます。なお不良品以外の交換の荷造り送料はお客様負担となりますのでご了承ください。(日本直販「ご返品・交換」)[32]

　日本語では返送料の支払いを求めるのに「お願いします」や、規定のように示した「〜です」、「〜となる」を用いるなど表現が多様である。日本語の「なる」の使用について池上(1981:198)は「＜なる＞的な表現にすることによって、もしかして入り込むかも知れない当事者の意図という意味合いを抑えようとする」と指摘している[33]。「〜となる」を使うことで既に決まっていることとして提示し、「既定のこと(変更不可)ですので、ご了承ください」という内容を伝えていることが分かる。
　日本語と朝鮮語で同一の内容を述べている案内文にもかかわらず、表現の違いから日本語では【A】【B】【C】のいずれにも当たらない例も見られる。

(18) a. このカメラの保証書は国内に限り有効です。万が一、海外旅

---

30) https://www.yodobashi.com/ec/support/afterservice/return_exchange/index.html
31) https://lohaco.jp/support/returns.html
32) https://www.666-666.jp/guide/cancel/
33) 池上(1981)は「電車ガ到着ニナリマス」と「電車ガ到着シマス」を挙げ、後者は発言内容に対する発言者の関与(保証など)を暗示するとしている。その生じ得る責任の可能性を前もって排除しておくのに＜なる＞的な表現を使って、当事者の意図を超えたレベルでの出来事という意味合いを含めておくと述べている。

行先で故障や不具合が生じたときは、帰国したあと、別紙の修理受付センターへご相談ください。(Canon「お使いになる前にお読みください」PowerShot G3 X カメラユーザーガイド p.4)[34]

 a´. 본 카메라의 보증 제도는 제품을 구입한 국가에서만 유효합니다. 만약 해외에서 사용하는 중에 카메라에 문제점이 발생하여 캐논 서비스 센터에 보증 수리를 의뢰하려면, 구입한 국가로 제품을 가지고 가야 합니다.(Canon「사전 주의 사항」PowerShot G3 X 카메라 설명서 p.3)[35]

 (18)は製品の保証に関する内容である。朝鮮語の(18a´)から確認すると、修理を依頼するには購入した国に製品を持参しなければならないことが述べられており、購入した国に製品を持って行かなければ修理を受けられないことが読み取れる。一方、日本語の(18a)は、読み手を主体とした行為を表面化せずに、故障や不具合が生じた場合という状況を記し、依頼形式である「～(て)ください」を使って、相談するよう促している。読み手の意図や目的が書かれておらず、また、望ましい事態を実現させるための条件や特定の状態を持続させるための条件を提示しているわけでもないため【A】【B】【C】のいずれにも当てはまらない。

 【A】に当たる朝鮮語の表現を振り返ってみると、Ⅱ-려면(～しようとするなら)を使って、行為の主体が読み手であることが明示されていた。それに対し日本語は、「作成には」「遊べるようにするには」「使う場合は」のように状況として示すことが多い。そして、「～が必要となる／必要がある」(例文9、10)と表現したり、行動を促す場合には「～(て)ください」という依頼形式や「～(て)いただく」という謙譲表現が使われる(例文15、16)。また、送料の負担など、読み手に負荷のかかる行為を要求する場合には「お願いします」と明示したり(例文17a)、「負担です」と言い切ることで会社の規定のように示したり(例文17b)、「～となる」を用いて既に定まった事項(例文17c)として表現する点が特徴と言える。

---

34) 脚注14)に同じ
35) 脚注13)に同じ

4.2. 望ましい事態を実現させるための条件を示す場合

次に、望ましい事態を実現させるための条件を示す【B】に当たる例を見てみよう。

(19) a. 調理中は、常に以下の電子レンジ出力レベルを<u>使用してください</u>。 － 肉および魚:300 W 以下・鶏肉:150 W (Miele「調理モード」コンパクトオーブン(電子レンジ機能付)H6400BM p.91)[36]

　　a´. 로스팅을 할 때는 아래의 출력을 <u>사용해야 합니다</u>.—육류와 생선류:최대 300 W・닭/오리:150 W (Miele「조리 프로그램」제품 설치 및 사용설명서 콤비오븐 H 6400 BM p.92)[37]

(20) a. 顔が検出されにくいときや、特に赤ちゃんやこどもは成長とともに顔が変わるため、定期的な顔情報の入れ換えを<u>おすすめします</u>。(Canon「顔情報を入れ替え/追加する」PowerShot G3 X カメラユーザーガイド p.83)[38]

　　a´. 얼굴 정보는 정기적으로 업데이트하는 것이 좋으며, 특히 아기와 아이들의 경우 성장이 빠르기 때문에 자주 <u>업데이트해야 합니다</u>.(Canon「얼굴 정보 덮어쓰기 및 추가하기」PowerShot G3 X 카메라 설명서 p.51)[39]

(19)は電子レンジを使用する際の適正ワット数を示したものであり、(20)はデジタルカメラの個人認証機能に関するものである。指示されたワット数で焼くことや定期的に顔情報を入れ替えることが、上手に焼く、認証機能を適切に使うという望ましい事態を実現させる条件となる。そして、この条件を満たさなければ、望ましい事態の実現が不可能になることが予想されるため、注意喚起を読み取ることができる。いずれも朝鮮語ではⅢ-야 하다で表現されているが、日本語では依頼形式である「～てください」、「おすすめします」が用いられている。

---

36) 脚注 19)に同じ
37) 脚注 18)に同じ
38) 脚注 14)に同じ
39) 脚注 13)に同じ

望ましい事態を実現させる条件を提示する際に、日本語では他にどのような表現が使用されるのだろうか。

(21) a. 大切なお荷物の破損などを防ぐため、ダンボールなどの資材で梱包していただく必要があります。(ヤマト運輸「荷物の梱包方法」)[40]
b. [使用上の注意] 相談すること
1. 次の人は使用前に医師、薬剤師又は登録販売者にご相談ください。
(1) 医師の治療を受けている人
(2) 薬などによりアレルギー症状を起こしたことがある人(久光製薬 「使用上の注意」フェイタス5.0)[41]

(21)が【B】に相当する例であることを確認しよう。(21a)は資材を利用して梱包するように指示されているが、それをしなくても荷物を送ることは可能である。「破損などを防ぐため」と書かれていることから、(21a)で望ましい事態とは、荷物を破損させずに送ることと予想でき、そのための条件が資材による梱包であることが分かる。(21b)は、治療中の人やアレルギー症状を起こしたことのある人がこの薬を使用する場合には医師に相談するように書かれてあるが、実際には相談しなくても使用可能である。ここでの望ましい事態とは、安全に薬を使用することであり、そのための条件が医師などへの相談である。それぞれ「～ていただく必要があります」「～ください」を使って、望ましい事態の実現に必要な行動が表現されている。これらの表現以外にも次のような例が見られる。

(22) a. ピザ、ビスケット、ミニケーキをベーキングする場合は、急速加熱をオフにします。(Miele「熱風加熱プラス」コンパクトオーブン(電子レンジ機能付)H6400BM p.64)[42]
a´. 피자, 비스킷, 작은 케이크를 만들 때는 신속가열을 꺼야

---

40) http://www.kuronekoyamato.co.jp/ytc/customer/send/preparations/packing/
41) http://www.hisamitsu.co.jp/healthcare/products/pdf/068.pdf
42) 脚注19)に同じ

합니다. (Miele「팬 플러스」제품 설치 및 사용설명서 콤비오븐 H 6400 BM p.65)[43]

(22)は電子レンジを使った調理方法に関する内容である。急速加熱をオフにすることで、いい状態で調理できることが予想できる。(22a)の日本語は、「〜は〜します」のように決められた動作として表現されている。ここでは読み手に行動を促す表現が用いられていないため、注意喚起が読み取りにくく、電子レンジの使用法として解釈される。

4.3. 特定の事態を持続させるための条件を示す場合

特定の事態を持続させる条件を示す【C】は、事態が先行し、必須条件の実行が要求されるものであった。

(23) a. 税や社会保険の手続で必要なため、勤務先にマイナンバーを<u>提示します</u>。(内閣府「マイナンバーの利用場面」マイナンバー（社会保障・税番号制度））[44]

　　 a´. 세금이나 사회보험의 수속시에 필요하므로 근무처에 마이넘버를 <u>보고해야 합니다</u>. (内閣府「마이넘버를 이용해야 하는 경우」マイナンバー（社会保障・税番号制度））[45]

(24) a. すべての機内持ち込み手荷物は、頭上の収納棚または座席の下にしっかりと<u>収納してください</u>。(＝13a´)

　　 a´. 기내에 반입된 모든 수하물은 반드시 기내 선반 또는 좌석 밑에 <u>보관해야 합니다</u>. (＝13a)

(23)は勤務先におけるマイナンバーの提示に関する内容である。マイナンバーを提示することで勤務が可能になるわけではなく、勤めることが決まった後にマイナンバーを勤務先に提示することが求められると理解される。行為を促す表現ではなく、「〜します」という表現を用いて決

---

43) 脚注18)に同じ
44) https://www.cao.go.jp/bangouseido/pdf/lang/01.pdf
45) https://www.cao.go.jp/bangouseido/pdf/lang/13.pdf

まった事項として提示されている。(24)は機内における手荷物の収納場所についての例である。飛行機に乗っている間は、決められた場所に手荷物を置くことが求められるのだが、それを日本語では「～てください」で表現している。機内における手荷物の収納場所の指定は、航空会社の規則として受け入れられ【C】に当たると考えられるが、収納に関わる行為や状況をどのように読み手に提示するかは、いくつかの異なる例が見られる。

(25) a. 安全かつ快適にお過ごしいただくため、手荷物は座席上の共用収納棚、または前の座席の下に収納してください。(ANA「機内でのお願い」機内に持ち込めるサイズとルール [国内線])46)

b. お手荷物はご自身で座席の下、または座席上の共用収納棚への適切な収納をお願いしております。(JAPAN AIRLINES「手荷物の収納」機内持ち込みお手荷物)47)

(25a)は「安全かつ快適に過ごす」という望ましい事態が明示されているため【B】に当たるとも取れる表現である。しかし、これまで見てきた【B】は、望ましい事態が明示されていなかった。(25a)のように、乗客にとって望ましい事態を明記し、その実現のために、ある行為を「～てください」と依頼することで、その行為が規則として聞き手に伝わることを和らげているものと解釈できる。(25b)を見ると、収納は「ご自身で」と書いてあることから、書き手（航空会社の者）は収納に関して積極的に手伝わないことを暗示している。読み手に負担を与える行為の要求であるため「お願いします」を使用していると考えると、(17a)で見た返送料の負担を要求する表現と同じであることが分かる。

4.4. 日本語の「～なければならない」が使用される状況

4.1.節から4.3.節では「～なければならない」が使用された例は見当たらなかった。では、日本語の案内文や告知文ではどのような場合に「～なければならない」が使用されるのだろうか。

---

46) https://www.ana.co.jp/ja/jp/domestic/prepare/baggage/carry-on/carry-rule.html
47) http://www.jal.co.jp/dom/baggage/inflight/

(26) 我が国に在留する外国人は、旅券又は各種許可書を携帯し、権限ある官憲の提示要求があった場合には、これを提示しなければなりません。(入国管理局 旅券等の携帯（入管法第23条）)[48]

(26)は日本に在留する外国人は旅券等の携帯が必要であることを「～なければならない」を使って述べた例であり、(14)と同類の内容である。これまで見てきた日本語の例と異なり「我が国に在留する外国人は」と主語が明示されている。他にも次のような例が見られる。

(27) その年分の所得金額の合計額が所得控除の合計額を超える場合で、その超える額に対する税額が、配当控除額と年末調整の住宅借入金等特別控除額の合計額を超える人は、原則として確定申告をしなければなりません。(国税庁「確定申告をする必要のある人」確定申告)[49]

(28) 保険契約者は、保険期間の初日の属する月の翌月の払込期日までに、保険料を一括して払い込まなければなりません。(損害保険ジャパン日本興亜株式会社 「第2章 契約保険料払込条項」平成30年1月版 ドライバー保険)[50]

(29) UQ mobile 契約者は、次の各号に定める事由のいずれかが発生したときは、この約款に基づく料金その他の債務の全てについて、当然に期限の利益を失い、当社及び料金回収会社に対して直ちにその料金その他の債務を弁済しなければならないものとします。(UQコミュニケーションズ株式会社 「期限の利益喪失」UQ mobile 通信サービス契約約款 第40版)[51]

(27)はある条件の人は確定申告が必要であることを述べた例であり、(28)、(29)は契約者が保険料を一括で払い込まなければならないこと、あ

---

48) http://www.immi-moj.go.jp/tetuduki/zairyuu/ryoken.html
49) https://www.nta.go.jp/taxes/shiraberu/taxanswer/shotoku/2020.htm
50) https://cdms.jp/sjnk/stipulation/car/2018/pdf/driver/driver_001.pdf
51) https://www.uqwimax.jp/signup/term/files/uqm_service.pdf

る事態が発生した場合には契約者が債務を弁済しなければならないことを述べた例である。いずれも「合計額を超える人は」「契約者は」のように主語が明示され、「〜は…なければならない」という構造を取り、誰がどのような行為をすべきかが明確に現れている。日本語の「〜なければならない」は書き手が読み手を「義務を持った者」として扱う条文や約款で観察され、案内文や告知文の中でも限定的にしか使用されない。このことから、「〜なければならない」は朝鮮語のⅢ-야 하다と比べると拘束性の強い表現であるという認識で使用されていると解釈できる。(26)〜(29)は、日本に滞在する状態や日本で生活する状態、契約者でいる状態を持続させるのであれば、「〜なければならない」で指示されたことを行うことが条件であると読み取れ、【C】に分類できる。よって、【C】に属する一部で「〜なければならない」が使用されると言うことができる。

5. おわりに

　本稿ではⅢ-야 하다と「〜なければならない」の対応関係を観察するために、まず、案内文・告知文で使用されるⅢ-야 하다の使用例を必須条件と可能になる事態に着目して分類した。その結果、Ⅲ-야 하다の使用には【A】読み手の意図や目的を実現させるための条件を提示する、【B】望ましい事態を実現させるための条件を提示する、【C】特定の事態を持続させるための条件を提示するという3つの場合があることが明らかとなった。この結果を基に、日本語の案内文・告知文を観察した。日本語では、行為の実行を促す際に「おすすめする」「〜(て)ください」「〜(て)いただく」の形式を使用し、読み手の負担となる行為を要求する場合には「お願いする」を用いたり、既定の事項として示す「〜です」や「〜となる」を使用することが確認できた。そして「〜なければならない」の使用は条文や約款でのみ観察され、主語が明示された「〜は…なければならない」という構造で現れることが明らかとなった。朝鮮語のⅢ-야 하다と比較すると「〜なければならない」は限定的に使用されることから、拘束性の強い表現であるという認識で使用されていると言える。

　今回は、案内文や告知文という書きことばの一部を対象として両形式のずれを考察したが、案内文や告知文以外の書きことばでの使用や話しことばにおける使用の考察を含めて両形式の特徴を記述する必要がある。

また、他の当為表現との関連性についても詳細な観察が必要である。これらは今後の課題とする。

謝辞

本稿の執筆にあたり、査読者から貴重なご指摘やご意見をいただきました。ここに記して感謝申し上げます。本研究は JSPS 科学研究費 JP18K00584 の助成を受けています。

参考文献

池上嘉彦(1981)『するとなるの言語学―言語と文化のタイポロジーへの試論―』東京：大修館書店

菅野裕臣(1991)「文法概説」『コスモス朝和辞典 第2版』1007-1048, 東京：白水社

金智賢(2018)『現代日本語と韓国語における条件表現の対照研究 語用論的連続性を中心に』 東京：ひつじ書房

구종남(1998) '접속어미 '-어야'의 이중적 의미기능' "국어문학" 33, 29-51

박재연(2006) "한국어 양태 어미 연구" 파주：태학사

서정수(1990) "국어 문법의 연구 Ⅱ" 서울：한국문화사

안주호(2005) '"-어야 하-"류 구성의 문법적 특성과 의미' "국어교육" 118, 363-393

염재일(2013) '"-어야'의 의미와 서법' "어학연구" 49-1, 1-24

이동혁(2015) '"-어야 하다'의 양태 의미에 대하여' "국어학" 76, 95-122

이상태(1977) '이음말[-야]와 그 월의 구조' "한글" 160, 424-444.

李鍾喆(1997) '조건 접속어미 '-어야'의 화용론적 연구' "국어교육" 94, 215-233

임동훈(2003) '국어 양태 체계의 정립을 위하여' "한국어 의미학" 12, 127-153

임동훈(2008) '한국어의 서법과 양태 체계' "한국어 의미학" 26, 211-249

임칠성(1996) '"-어야'의 화용론적 전제 연구' "국어국문학" 116, 61-80

최현배(1955) "우리말본" 서울 : 정음사

オンライン参考資料

ANA 機内に持ち込めるサイズとルール ［国内線］ 機内でのお願い（最終閲覧日：2018年8月24日）
　　https://www.ana.co.jp/ja/jp/domestic/prepare/baggage/carry-on/carry-rule.html
Canon PowerShot G3 X カメラユーザーガイド（最終閲覧日：2018年8月24日）
　　https://cweb.canon.jp/manual/digitalcamera/index.html
Canon PowerShot G3 X 카메라 설명서(最終閲覧日：2018年8月24日)
　　http://support-kr.canon-ci.co.kr/contents/KR/KR/0302068701.html
救心製薬株式会社「生薬製剤 救心」(最終閲覧日：2019年3月19日)
　　http://www.kyushin.co.jp/brand/pdf/kyushin.pdf
보령제약「보령구심 환」（最終閲覧日：2019年3月19日）
　　http://www.boryung.co.kr/product/search_detail.do?SEQ=11
国税庁「確定申告をする必要のある人」（最終閲覧日：2018年8月24日）
　　https://www.nta.go.jp/taxes/shiraberu/taxanswer/shotoku/2020.htm
JAPAN AIRLINES 手荷物の収納（最終閲覧日：2018年8月24日）
　　http://www.jal.co.jp/dom/baggage/inflight/
ソニー「ワイヤレスノイズキャンセリングステレオヘッドセット WF-1000X」
　　SONY ヘルプガイド（最終閲覧日：2018年8月24日）
　　https://helpguide.sony.net/mdr/wf1000x/v1/ja/print.pdf
SONY「무선 노이즈 제거 스테레오 헤드셋 WF-1000X」SONY 도움말 안내
　　(最終閲覧日：2018年8月24日)
　　https://helpguide.sony.net/mdr/wf1000x/v1/ko/print.pdf
損害保険ジャパン日本興亜株式会社 第 2 章 契約保険料払込条項（最終閲覧日：2018年8月24日）
　　https://cdms.jp/sjnk/stipulation/car/2018/pdf/driver/driver_001.pdf
大韓航空 「機内持ち込み手荷物の収納」 手荷物サービス（最終閲覧日：2018年8月24日）
　　https://kr.koreanair.com/korea/ko/traveling/baggage-services.html
대한항공「휴대수하물 허용량」수하물（最終閲覧日：2018年8月24日）
　　https://www.koreanair.com/content/koreanair/global/ja/traveling/baggage-services.html#allowed-to-bring-unrestricted
中央日報日本語版 2018.02.13【社説】「韓国 GM, 支援を受けるには骨身を削る努力が先だ」（最終閲覧日：2019年3月26日）
　　https://japanese.joins.com/article/j_article.php?aid=238593
중앙일보 2018.02.13 [사설]「한국 GM, 지원 받으려면 뼈 깎는 자구 노력이 우선」（最終閲覧日：2019年3月26日）
　　https://news.joins.com/article/22367643(最終閲覧日：2019年3月26日)
TOKYO DISNEY RESORT 「年間パスポート」（最終閲覧日：2019年3月26日）
　　https://www.tokyodisneyresort.jp/ticket/annual.html
TOKYO DISNEY RESORT 「연간패스포트」（最終閲覧日：2019年3月26日）
　　https://www.tokyodisneyresort.jp/kr/ticket/index.html
内閣府「マイナンバー（社会保障・税番号制度）」（最終閲覧日：2019年3月19日）
　　https://www.cao.go.jp/bangouseido/pdf/lang/13.pdf

https://www.cao.go.jp/bangouseido/pdf/lang/01.pdf
日本直販「ご返品・交換」(最終閲覧日：2018 年 8 月 24 日)
https://www.666-666.jp/guide/cancel/
入国管理局　Q&A 在留管理制度よくある質問
「新しい在留管理制度がスタート!」(最終閲覧日：2019 年 3 月 24 日)
http://www.immi-moj.go.jp/newimmiact_1/q-and-a_page2.html#q41-a
「새로운 체류관리제도가 스타트!」(最終閲覧日：2019 年 3 月 24 日)
http://www.immi-moj.go.jp/newimmiact_1/ko/q-and-a_page2.html#q41-a
「旅券等の携帯（入管法第 23 条）」(最終閲覧日：2018 年 8 月 24 日)
http://www.immi-moj.go.jp/tetuduki/zairyuu/ryoken.html
任天堂　ニンテンドー2DS 取扱説明書 (最終閲覧日：2019 年 3 月 19 日)
https://www.nintendo.co.jp/support/3ds/pdf/2ds_manual.pdf
Nintendo 닌텐도 2DS 사용-설명서 (最終閲覧日：2019 年 3 月 19 日)
http://www.nintendo.co.kr/3DS/customer/2DSmanualkor_130930.pdf
久光製薬　フェイタス 5.0「使用上の注意」(最終閲覧日：2018 年 8 月 24 日)
http://www.hisamitsu.co.jp/healthcare/products/pdf/068.pdf
Miele コンパクトオーブン(電子レンジ機能付)H6400BM (最終閲覧日：2019 年 3 月 19 日)
https://www.miele.co.jp/pmedia/ZGA/TX3587/10230500-000-02_10230500-02.pdf
Miele 제품 설치 및 사용설명서 콤비오븐 H 6400 BM (最終閲覧日：2019 年 3 月 19 日)
https://www.miele.com/pmedia/ZGA/TX3587/10230520-000-00_10230520-00.pdf
ヤマト運輸「荷物の梱包方法」(最終閲覧日：2018 年 8 月 24 日)
http://www.kuronekoyamato.co.jp/ytc/customer/send/preparations/packing/
UQ コミュニケーションズ株式会社　UQ mobile 通信サービス契約約款 第 40 版 (最終閲覧日：2018 年 8 月 24 日)
https://www.uqwimax.jp/signup/term/files/uqm_service.pdf
ヨドバシカメラ「返品・交換」(最終閲覧日：2018 年 8 月 24 日)
https://www.yodobashi.com/ec/support/afterservice/return_exchange/index.html
LOHACO「返品・交換について」(最終閲覧日：2018 年 8 月 24 日)
https://lohaco.jp/support/returns.html

【要旨】

안내문・고지문에 나타나는 한국어의 'Ⅲ-야 하다'와 그에 대응하는 일본어 표현

타이라 카오리

한국어의 'Ⅲ-야 하다'와 일본어의 「～なければならない」는 당위나 의무를 나타내는 형식이다. 이 두 형식은 유사한 쓰임을 보이기도 하지만 안내문이나 고지문에서는 상이한 쓰임이 발견되기도 한다.

본고에서는 안내문이나 고지문에 사용되는 'Ⅲ-야 하다'와 「～なければならない」의 쓰임에 주목하여 어떠한 면에서 차이를 보이는지 살펴보았다.

먼저 'Ⅲ-야 하다'가 나타내는 사태가 그 후에 일어날 사태의 필수 조건이 된다는 선행 연구의 주장을 토대로 하여 필수 조건이 충족되면 구체적으로 어떠한 사태가 가능해지는지에 주목하여 예문을 검토하였다. 그 결과, 'Ⅲ-야 하다'는 다음과 같은 경우에 사용되고 있음이 확인되었다.

【A】 읽는 이의 의도나 목적을 실현시키기 위한 조건을 제시할 때
【B】 바람직한 사태를 실현시키기 위한 조건을 제시할 때: 주의를 환기시키는 역할이 있음
【C】 특정한 상태를 지속시키기 위한 조건을 제시할 때: 규칙으로써의 의미를 가짐

위의 결과를 바탕으로 한국어에서 'Ⅲ-야 하다'가 사용된 상황과 동일 또는 유사한 상황에서 일본어에서는 어떠한 표현이 사용되는지를 살펴보았다. 그 결과, 한국어에서는 행위의 주체가 읽는 이라는 것이 명확한 데에 반해 일본어에서는 주체를 명시하지 않고 상황으로 제시한다는 점에서 차이가 나타났다. 또한 한국어에서는 'Ⅲ-야 하다'를 사용하여 읽는 이에게 행동을 요구하는 데에 반해 일본어에서는 의뢰 형식인 「～(て)ください」를 사용하거나 「おすすめする」와 같은 표현을 사용하는 경우가 많았다. 그 지시 내용이 읽는 이에게 끼치는 부담

이 크다고 여겨지는 경우에는 정해져 있는 규정으로써 제시하는 경우도 있었다.

「〜なければならない」는 조문이나 약관에서 그 쓰임이 발견되었는데, 주어를 명시하고 그 주어가 행해야 하는 의무로써 해당 행위를 제시한다는 특징을 보였다. 안내문이나 고지문에 두루 쓰이는 한국어의 'Ⅲ-야 하다'와 비교하면 「〜なければならない」는 구속성이 강한 표현이라는 인식이 있어 한정된 쓰임을 보이는 것으로 해석된다.

【キーワード】안내문・고지문, 당위, 의무, 필수 조건

陳述と진술について
―日朝対照文法論の観点から―

五十嵐 孔一（いからし・こういち）

1. はじめに

本稿は日本語と朝鮮語の文法論を対照的に論ずるもの(以下、日朝対照文法論と呼ぶ)で、いわゆる「陳述(진술)」について述べることにする。陳述という語は日本の山田孝雄の文法論から始まり、朝鮮語では崔鉉培(1937)にその語が現れている。日本語の文法論では山田文法以後、陳述に関して数多くの議論が展開されたが、朝鮮語の文法論においてはさほど議論の対象にならなかった。その違いの原因について日朝対照文法論の観点から論じていくことにする。

2. 本論
2.1. 陳述について

まず、そもそもの陳述とは何か[1]。ごく一般的な認識としては、文を文たらしめる働き・作用というものであろう。単語の集まりを文として成立させるのが陳述ならば、その働き・作用は全く文法的なはずである。ところが、山田の文法書には陳述それ自体の定義は見当たらない。陳述という語が現れる箇所をいくつか以下に見てみよう。下線は引用者による。

(1)文は實にそれが資料たる觀念または概念と<u>陳述の勢力</u>とを要す。こゝに於いて、その概念のみにあらはされたるものを今假に概念語といはむ。これに屬するものは所謂體言又名詞代名詞數詞等なり。<u>陳述の勢力</u>の寓せられたる語これを今假に陳述語といはむ。所謂形容詞動詞等なり。(『日本文法論』山田孝雄(1908:156))

(2)統覺作用をあらはす詞即用言たるなり。屬性觀念即動作性質をあら

---

[1] 尾上圭介(2001a, 2001b)は陳述の概念について詳細に論じており、また陳述の研究史についても詳しい。本稿では陳述と진술の接点を探るために山田孝雄の原典からあたっていくことにし、尾上圭介(2001a, 2001b)は適時引用することにする。

はすものといふは當らず。屬性觀念をのみあらはすものならば、なほ一の體言なり。屬性觀念と同時に統覺作用の入り込みてこそ始めて用言といはるべきなれ。(中略)<u>陳述の勢力</u>を有せるものなればわが所謂用言たるなり。(『日本文法論』山田孝雄(1908:162-163))
(3)動詞の原形は一段は「る」音の加はりたるもの、其の他は皆「ウ」韻なり。こは用言の本體として、その屬性に對する主體の狀態を<u>陳述して</u>統覺作用を全くす。終止形と稱するものこれなり。(『日本文法論』山田孝雄(1908:260))
(4)賓格は即 Predicate の義にして主格に對して何等かの<u>陳述</u>をなすものなれど、(中略)觀念部と<u>陳述</u>の要素とが一語にてあらはるるときはこれを述語と稱す。(『日本文法論』山田孝雄(1908:818-819))
(5)用言が文中にあらはるゝには或は準體言となり、或は修飾格の語となりてあらはるゝことありといへども、その主たる用は<u>陳述</u>の用をなす(後略)。(『日本文法論』山田孝雄(1908:860))
(6)用言の用言たる所以は實に<u>陳述の能力</u>を有する所以に存するものにして、その屬性觀念は寧第二位のものなり。而、その陳述の能力は用言が述格に立てる時に發揮せらるるものにして(後略)。(『日本文法論』山田孝雄(1908:861))
(7)用言は體言に対してその屬性觀念を表明すると同時に<u>陳述の作用</u>をあらはす單語なり。(『日本文法講義』山田孝雄(1922a:47))
(8)用言の用言たる特徵はその<u>陳述の作用</u>をあらはす點にあり。この作用は人間の思想の統一作用にして主位に立つ概念と賓位に立つ概念との異同を明にして之を結合する力を有す。(『日本文法講義』山田孝雄(1922a:48))
(9)用言特有の現象は實にこの<u>陳述の力</u>に存す。(中略)「なり」「たり」は<u>陳述</u>の形式のみをあらはすものにしていづれも<u>陳述の力</u>を有するが故に、これ亦用言たるなり。(『日本文法講義』山田孝雄(1922a:49))
(10)用言は<u>陳述の力</u>の寓せられてある單語であつて、多くの場合に事物の屬性が、同時にあらはされてゐる。(『日本口語法講義』山田孝雄(1922b:43))

このように陳述は「陳述の勢力」「陳述の能力」「陳述の作用」「陳述の

力」などと用いられ、主として用言の定義に現れている。(7)の言うところの「用言は陳述の作用をあらわす単語である」はその典型であろう。ところが、先に述べたように、山田の文法書には陳述に対する定義が無い。つまり、陳述は定義しなくとも理解し得る語、既知的な意味を持つ語として扱われているのである。確かに、(3)の「陳述する」、(4)の「陳述をなす」、(5)の「陳述の用をなす」は、文法的な用法というより、単に述べる、明らかにするといった意味に読み取ることができよう。

　ところが、陳述の解釈は時枝誠記をはじめとする学者たちによって再検討され、議論の焦点になったことがある。渡辺実は学者によって概念が異なる陳述を整理する必要があるとまで述べている[2]。尾上圭介(2001a:266)はその議論の根本的な原因として「統覚作用」との関係をあげ、「山田文法において<統覚作用>と<陳述>の関係はそれほど明らかではなく、従来議論を呼んでいるところ」だと指摘している。統覚作用という用語は上記の(2)(3)に見るように、やはり用言の定義に現れている。とすると、用言の、特に文中での特徴において、この統覚作用と陳述との関係あるいは区別が問題になりそうである。陳述をめぐってどのような議論があったのか、まず、統覚作用について概観してみることにする。

2.2. 統覚作用について

　山田は『日本文法論』(1908)の序論で文法学とは人間の思想に関する言語運用の法則を研究する分野だと定義し[3]、思想を言語で発表するときには精神の統一作用が必要だとして、その作用を「統覚作用」と呼んだ[4]。また、用言とは体言の属性観念を表明し、これと同時に人間の思想を統一する作用を行う詞であり[5]、形容詞は主体の属性観念を陳述しながら統覚作用をなし[6]、動詞は主体の状態を陳述しながら統覚作用をなすものであると述べている[7]。ここで注意すべき点は陳述が「表明」の同義語として用いられているということである。また、このすぐ下に述べる

---

2) 渡辺実(1980:608)参照。
3) 山田孝雄(1908:2)参照。
4) 山田孝雄(1908:162, 497)参照。
5) 山田孝雄(1908:223)参照。
6) 山田孝雄(1908:223)参照。
7) 山田孝雄(1908:260)参照。

通り、山田は統覚作用について詳細に論じている。つまり、陳述と統覚作用は一旦、区別されたものと見なし得るわけである。

　その統覚作用については論理学の繋辞(copula)に該当するものとして論じている [8]。繋辞は主位観念と賓位観念とを統一する機能を持つ要素であるが、山田は論理学のこの3つの要素を日本語に適用させたのである [9]。例えば、主位と賓位が共に体言である場合、繋辞がこれらを結び付ける形式は(11)の通りで、繋辞は「だ」で表現される。

(11) 私は学生だ。

ところが、賓位が用言であるとき、(12)の形容詞、(13)の動詞の例で見るように、繋辞に該当する言語形式は現れない。

(12) 山が高い。
(13) 花が咲く。

　ここにおいて、山田は用言が賓位と繋辞を同時に表すと定義することで、用言にも論理学の3つの要素を適用させたのである [10]。この繋辞が統覚作用であり、統覚作用がすなわち文成立の要件である。

2.3. 陳述論について
　一方、陳述をむしろ文を成立させる要素として論ずる文法論もある。それがいわゆる陳述論で、文を文たらしめる働きが陳述だという一般的な認識につながるものである [11]。尾上圭介(2001b:282)によれば「全ての文を成立させる決定的要素とでもいうような特別なキーワードとしてこの用語 [12] を用いたのは時枝誠記氏からのことであ」り、「時枝以後の議論は山田の文法論とは完全に異質なもの」だと述べている。時枝の論点を

---

8) 山田孝雄(1908:496)は「決素(Copula)」と呼んでいる。
9) 山田孝雄(1908:497)参照。
10) 山田孝雄(1908:497)参照。
11) 仁田義雄(2014:1390)は「陳述論とは、文をどのようなものとして認識・規定するのか、文の成立をどのようにとらえるのかへの問いかけであった」と述べている。
12) 陳述のこと。

急いで見ることにしよう

時枝は、用言が陳述の機能を持つという山田の見解に反論しながら[13]、助動詞が陳述を表現すると主張し、用言が単純な肯定判断の場合には「零記号」によって陳述が表現されると解釈した[14]。以下の(12')(13')の▨が零記号である。(11')〜(13')のような図式を時枝は「入子型構造」と呼んだ[15]。入子とは大きさの順に積み重ねて中に入れることができるように作った器や箱を意味する。

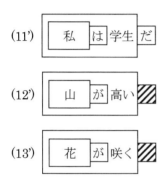

なぜ時枝は用言から陳述の機能を分離させて零記号を導入することになったのか。これは山田の単語観との違いからうかがうことができる。

山田は単語を言語における、それ以上分離させることのできない究極的な思想の単位だと定義した[16]。そして単語の使用によって思想を発表したのが句であり[17]、句は文を構成する要素になると述べた[18]。単語の存在をまず認定し、単語を結合させて文を構成するという言語観である。一方、時枝は文それ自体が一つの統一体だという立場から出発した[19]。人間が自己の思想を外部に表現するという精神・生理的な活動が言語だ

---

13) 時枝誠記(1950:136)参照。
14) 時枝誠記(1950:182)参照。
15) 時枝誠記(1950:246)参照。
16) 山田孝雄(1908:76)参照。
17) 山田孝雄(1908:1154)参照。
18) 山田孝雄(1908:1174)参照。
19) 時枝誠記(1950:15)参照。

という言語観である[20]。時枝は従来の言語観を構成的言語観または言語構成観と呼び[21]、自身の言語観である過程的言語観または言語過程観と区別した[22]。言語過程観に従えば、客体的な世界は話者の主体的な表現を伴ってこそ、具体的な思想の表現となる[23]。時枝は客体的表現を詞、主体的な表現を辞と呼び、その関係を次のような図で示した[24]。

(14)

　指定の助動詞「だ」は辞であるが、用言には辞に該当する言語形式が無い。そのため用言もこの入子型構造に合うよう導入したのが零記号である。用言では零記号が辞に該当し、そして辞は陳述を表す。その結果、陳述が用言から分離されることになったのである。
　(11')～(13')を再び見てみると、辞が主位と賓位を結び付けていることが分かる。つまり、(11')では「だ」が「私は」と「学生」を結び付け、(12')では零記号が「山が」と「高い」を、(13')でも零記号が「花が」と「咲く」を結び付けている。このように時枝は陳述の機能を行う辞に主位と賓位を統一する機能まで認めたのである。陳述と統覚作用を分離させた山田の見解とは異なる点である。

2.4. 再び陳述について

　陳述と統覚作用が辞によって同時に現れるならば、では陳述とは一体何なのか、という疑問が提起されるようになる。陳述の概念が明確ではないと指摘したのが三上章である。三上章は陳述が構文論で最も根本的な概念だと認めながらも、陳述の内容は他の概念を持って明確に定義することのできない、いわば「無定義用語」だと述べた[25]。また、陳述を簡単に扱うためには統覚と陳述を分離させる必要性があるとも述べてい

---

20) 時枝誠記(1950:17)参照。
21) 時枝誠記(1950:15)参照。
22) 時枝誠記(1950:17)参照。
23) 時枝誠記(1950:240)参照。
24) 時枝誠記(1950:262)参照。
25) 三上章(1953:181)参照。

る[26]。三上の解釈は統覚作用が終ったところから陳述作用が始まり[27]、陳述が陳述度0から1まで連続的な程度を持って現れるというものであった[28]。このように三上における陳述は陳述性という性質を指すものであった。

時枝の零記号を認めない見解もある。服部四郎は表現者の確認的判断を表すのは零記号ではなく、叙述語という文型と音調だと主張した[29]。例えば、「静かだ」「暖かい」「飛んでいる」の陳述は、時枝に従えばそれぞれ(15)のように表される。

(15) 静か|だ|。暖かい☒。飛んでいる☒。

しかし服部はこれらが確認的判断を表すとき、「↘」型の音調を有するという点を指摘した。

(16) シズカダ↘。アタタカイ↘。トンデイル↘。

指定の助動詞「だ」は単独で文を完結させるのではなく、「↘」型の音調を伴ってこそ文が成立する。従って、「アタタカイ」「トンデイル」も文型と音調によって文が成立するため、零記号を設定する必要が無いと主張したのである。

これに対し、奥津敬一郎は音調が独自的な意味を持つときがあるため、文を終止させるのは音調ではなく、その次にくる休止(pause)だとし、休止に陳述作用を認めて、これを「文休止素」と呼んだ[30]。奥津は橋本進

---

26) 三上章(1953:182)参照。
27) 三上章(1953:181)参照。
28) 三上章(1953:182)参照。代表的な活用形の平均的陳述度を次のような値で表現した。
  1/4 何々シ(テ)   中止連用形
  1/2 何々シタ   連体形
  3/4 何々スレバ   仮定形
  1 何々シタ、セヨ 終止形、命令形
29) 服部四郎(1960:202)参照。初出は「ソスュールのlangueと言語過程説」、言語研究32、1957。
30) 「する↘」は肯定、「する↗」は疑問を表すという点で音調も意味を持つという見解である。奥津敬一郎(1974:35)参照。

吉の文節も休止によって定義されるという点を論拠にしている。

　渡辺実は描写された事態について話者が肯定判断などを表現することによって文が成立するとし、描写された事態を「叙述内容」、判断表現を「陳述」と呼んだ[31]。寺村秀夫(1982)は渡辺実(1971)を参照して、渡辺の「叙述内容」、バイイ(Ch.Bally)の「Dictum」、フィルモア(Ch.Fillmore)の「Proposition」は話者が客観的に世界事象を描写する部分であり、渡辺の「陳述」、バイイの「Modus」、フィルモアの「Modality」を話者が自身の態度を相手に示す部分であると整理した。

　現在、陳述という語に関しては、尾上圭介(2001a:266)の「山田において『陳述』ということばは実は未だ文法論上の概念ではない」、「この語は日常本来の意味で『ものを述べ上げてしかと言い切る』という程度の意味に読んでおくのが正しい」、また尾上圭介(2001b:283)の「述語において言い切り、文を述べあげることを、山田は『陳述する』ということばで語ったが、それは『陳述』という語の日常、普通の意味における使い方であって、特殊な文法概念とは言えない」などという見解がよく知られている。川村大(2014:1389)の「用語『陳述』は本来『述べること』という意味以上のものではない」、「山田の著作における『陳述』は単に『(用言を用いて)述べること』を指す語で文法論上の用語ではない」という記述もその見解と軌を一にしている。

2.5. 松下文法における統覚の解釈について

　ところで、今まで見てきた中に松下大三郎の名前が現れなかった。松下の文法では統覚の解釈において山田との違いが見える。松下は、まず説話の構成は言語の「原辞、詞、断句」という三段階を指すとして[32]、最も上の段階である断句が断定と関係すると説明した[33]。断定には「思惟性断定」と「直観性断定」があるが[34]、その中の思惟性断定に対して、

---

31) 渡辺実(1997:145)参照。渡辺の構文論は『国語構文論』(1971)で大成されている。
32) 松下大三郎(1930:8)参照。松下大三郎(1930:19)によれば「山が見える」という断句において「山」が詞、「が」が原辞である。「見える」は断句の成分であり、それ自体で観念を表すので詞である。
33) 松下大三郎(1930:9)参照。
34) 直観性断定とは判断の作用によらず、直観のまま了解された断定である。その例として松下大三郎(1930:14)は「例へば突然地震に遭つて驚いて「あら」と叫んだとする。

山田の記述に見える「対象、資料(松下は「材料」)、統覚」という概念を使用しながら次のように説明した[35]。下線は引用者による。

(17) 思惟性斷定とは判斷の作用による了解である。ことがらに對する觀念が他の觀念と比較されてその間に共通點が發見され、前者の觀念が判斷の對象となり後者の觀念が判斷の材料となり、二者が同一意識內に<u>統覺</u>されたものである。

ここに山田との相違点が明確に現れている。山田の見解は思考対象が外部にあって思考が断定を構成するときに資料として与えられ、その資料を統覚によって統一するというものである。これに対して松下の見解は事柄に対する観念が対象であり、それと異なる観念が材料である。そしてその対象と材料を統覚で統一するというものである。この点で松下の次のように述べたのは山田の見解に対するものと思われる[36]。

(18) 思惟には必ず判斷の對象となるべき觀念と其れを判定する判斷その物なる觀念との二觀念が有る。人が庭を見て「花が咲いた」と云つたとすると、「花が」を判斷の對象とし「咲いた」を判斷自身だと思つてはいけない。そんな考は西洋の論理學を誤解したのである。

そして松下は、判断とは対象と既に構成された概念との一致を判定するものだと主張した。つまり、庭を見て「花が咲いた」と言ったとすると、話者は既に「花が咲いた」という概念を所有し、対象の状態がその概念と一致することを判断するというのが松下の主張するところである。

また「花は咲いた」と比較し、「が」と「は」について「新概念・旧概念」の観点から説明している。つまり、「花は」は「題目」であって判定対象を予定して提示するものであり、予定であるため解説に先立って定められ、先に定められるため旧概念となるのである[37]。松下は「は」を

この「あら」に依つて表された思想は何等の判断を下したものでもなく、その直觀がそのまゝ了解されたものである。こういふのが直觀性斷定である」と述べている。
35) 松下大三郎(1930:13)参照。
36) 松下大三郎(1930:712)参照。
37) 松下大三郎(1930:772)参照。

「題目態」、「が」を「平説態」として次のように述べている[38]。「連用的」とは他の言葉の前に用いられて他の言葉の意味の運用に従属することを意味する[39]。

(19) 與へられた既定不可變の概念を連用的概念として表す場合には必ず題目態を用ゐる。未定、可變の概念を連用的概念として表す場合には必ず平説態を用ゐる。

つまり、「既定不可変の概念」とは既知的な旧概念のことで、このときは題目態「は」を用い、「未定可変の概念」とは未知的な新概念のことで、このときは平説態「が」を用いるということである。なお、新概念・旧概念については次のように説明している。

(20) 概念が舊いといふことは其の事柄が既定であるといふ意である。概念が新しいとはこれから其の事柄を定めるといふ意である。故に舊概念は既定概念で、新概念は新定概念である。

このように松下は久野暲(1973)の「新しいインフォメーション・古いインフォメーション」(いわゆる新情報・旧情報)よりも早い時期にこの概念を提起していたのである。

2.6. 진술에 대하여

先に述べたように、朝鮮語の文法では陳述が崔鉉培(1937)に現れる。崔鉉培(1937)の文法体系に山田文法の影響が見られることは早くから指摘されてきており[40]、陳述という語も山田の用語を踏襲したものである。まず、『우리말본』(崔鉉培(1937))に陳述が現れる箇所を『日本文法講義』(山田孝雄(1922a))と対照して見てみる。下線は引用者による。

[38) 松下大三郎(1930:774)参照。
[39) 松下大三郎(1930:491)参照。
[40) 姜馥樹(1972:129-164)は『우리말본』(崔鉉培(1937))の受けた影響について『日本文法講義』(山田孝雄(1922a))と対照しながら論じている。

(21) a. 월을 만드는 일함(作用)의 關係란 것은, 或은 임자(主體)를 풀이(說明, 陳述)하는가, 혹은 그 풀이의 임자(主體)가 되는가, 하는 따위이니
(文を構成する作用の関係とは、主体を説明(陳述)するのか、あるいはその説明の主体となるのかということであり)(『우리말본』崔鉉培(1937:162))
b. 文章構成上の作用關係とは或は叙述をなすとか叙述の主となるとかの如きをいふ。(『日本文法講義』山田孝雄(1922a:15))

(22) a. 풀이씨(說明詞, 陳述詞, 用言)란 것은 일과 몬(物)을 풀이하는 (說明하는) 힘(力)을 가진 씨를 이름이니, 대개는 다 事物의 屬性조차를 함께 들어내느니라.
(풀이씨(説明詞、陳述詞、用言)とは事と物を説明する力を持った語のことをいい、そのほとんど全てが事物の属性をも共に表す。)(『우리말본』崔鉉培(1937:169))
b. 用言は體言に対してその屬性觀念を表明すると同時に陳述の作用をあらはす單語なり。(『日本文法講義』山田孝雄(1922a:47))

(23) a. 풀이씨의 가장 요긴한 特徵은 그 풀이의 일함(說明作用)에 있다.
(用言の最も重要な特徴はその説明作用にある。)(『우리말본』崔鉉培(1937:170))
b. 用言の用言たる特徴はその陳述の作用をあらはす點にあり。
(『日本文法講義』山田孝雄(1922a:48))

このように崔鉉培(1937)では「陳述」は「説明」と同義語であり、共に「풀이」にあたることがわかる。また、(21a)(21b)で見るように、「풀이하다」(陳述する、説明する)は「叙述する」の意味で用いられている。この説明という語は山田孝雄(1922a)にも用言の概説でしばしば現れる。

(24) 用言は體言と相待ちて句の組立の骨子となるものにして體言に對して何等かの説明をなして陳述をなす要素なり。(中略)用言とは事物の説明をなすに用ゐる單語なり。(中略)用言の用といふ義は既に體言の條に述べたる如くこの説明陳述の用をなすをいえるなり。(『日本

文法講義』山田孝雄(1922a:47))

では、統覚作用についてはどうであろうか。

(25) a. 한 생각에는 한 統一作用이 必要하다. 心理學에세 이러한 作用을 統覺作用이라 한다. 이 統覺作用으로 말미암아 統一된 생각이 말이란 꼴(形式)을 빌어서 나타난 것이 곧 월이다.
（一つの思考には一つの統一作用が必要である。心理学でこのような作用を統覚作用という。この統覚作用によって、統一された思考が言語という形式を借りて現れたものが即ち文である。）(『우리말본』崔鉉培(1937:976))
b. 一の思想には一の統合作用存す。之を統覚作用といふ。この統覚作用これ實に思想の生命たり。この統覚作用によりて統合せられたる思想の言語といふ形にてあらはされたるもの即ち文なりとす。(『日本文法講義』山田孝雄(1922a:425))

一部表現が異なる箇所があるものの、文の成立にかかわる統覚作用については山田孝雄(1922a)の記述を踏襲している。ただし、崔鉉培(1937:976)ではこれに続き、次のような例文をあげている。こうした例示は山田孝雄(1922a:425)には無いものである。

(26) 꽃이 피었다.(花が咲いた。)
달이 밝다.(月が明るい。)
이것이 감나무이다 [41].(これが柿の木だ。)
아이가 연을 날린다.(子どもがたこをあげる。)
흰 구름이 산을 넘어간다.(白い雲が山を越えて行く。)

そして例文の後に「これらがそれぞれ一つの文である」と簡潔に述べ

---

41) 崔鉉培(1937:748-782)はこの이다(だ)を「잡음씨(指定詞)」と呼んで詳述している。また崔鉉培(1937:1001)は「잡음씨はその 2 つの概念(つまり、subject(主辞、임자)と predicate(賓辞、풀이))を結び付ける맺음말(繋辞、copula)」であると述べている。なお、原文中、「結び付ける」にあたる語は「잡아맺다」であり、「잡음씨(指定詞)」と「맺음말(繋辞)」の双方にかかっている。

ている。
　以上を要するに、崔鉉培(1937)は陳述と統覚作用について山田孝雄(1922a)の記述を踏襲して朝鮮語の用言、そして文の成立について論じたが、その後、陳述に関して目立った議論が起きなかったのである。

2.7. 陳述と진술について

　本稿の最初の問いに戻ろう。陳述に関して、日本語の文法論では山田文法以後、多くの議論があった一方で、朝鮮語の文法論では崔鉉培(1937)以後、目立った議論は無かった。日本語と朝鮮語の文法論において陳述と統覚作用の記述に大差が無かったとすれば、(26)にあげた各例文に、今まで見てきた陳述と統覚作用とを共に認め得る要素を求めるべきであろう。各例文に共通して現れる要素、つまりそれは終結語尾である。具体的には「피었다(咲いた)、밝다(明るい)、감나무이다(柿の木だ)」の「-다」、「날린다(あげる)、넘어간다(越えて行く)」の「-ㄴ다」である[42]。
　このように朝鮮語では文を文たらしめる文法的な要素として具体的に終結語尾を指し示すことができる。事実、-다については既に開化期の諸文典で言及されていた。まず、崔光玉(1908)と兪吉濬(1909)では語幹を「原語」、語尾を「助動詞」と呼び、-다を含む語尾について詳述している。「-오、-다」については「助動詞」の「終結段」の語であるとし、「動詞の尾に付いてその語の全体を終結するもの」で「가오(行きます)」「가다(行く)」の類であると述べている[43]。
　金奎植(1909)の「形動詞」は用言に繋辞の働きがあることを示唆したものである。例として「이집이됴타(この家が良い)」の「됴타(良い)」が形動詞であり、形容詞「됴흔(良い〜)」と「同格動詞」の「이다(だ)」が結合して「이집이(この家が)」の状態を説明するというものである。
　周時経(1910:36)の「짬듯갈」はいわゆる構文論であり、文を構成する各要素に分析するものである。図による図解法は周時経の独創的な考えだと言われている[44]。ここでは周時経(1910:44)の解説を見ることにする。

[42) 南基心・高永根(1985/2014:155)と国立国語研究院(編)(1999:1040, 1309, 1335)に従うと、これらの-다、-ㄴ다、そして動詞でㄹ以外の子音語幹に付く-는다は해라体の終結語尾である。
[43) 崔光玉(1908:39)、兪吉濬(1909:53-54)参照。
[44) 高永根・李賢熙(1986:211)参照。

(27a)の文に対し、(27b)は「기난(品詞分類)」、(27c)は「듭난(構文要素の分類)」45)、そして(27d)は図を括弧で示したものである。

(27) a. 저 말은 검다.(あの馬は黒い。)
　　 b. [저언] [말임][은겟] [검엣][다끗]
　　　　([저冠形詞] [말名詞][은助詞] [검形容詞][다終止詞])
　　 c. [[[저임이금] [[말임이]은임이빗]임이듬]임이붙이 [[[검남이]다남이빗]남이듬]남이붙이]
　　　　([[[저主語修飾] [[말主語体]은主語の語尾部]主語]主部 [[[검述語体]다述語の語尾部]述語]述部])
　　 d. [[[[저] 말]은] 검]다]

-다について見てみると、(27b)は-다を語幹から分離させたものであり、(27c)は述語「검다(黒い)」での-다の機能を説明したものである。そして(27d)は-다が文を統括することを示している。

　述語の動詞に-는다の付く例が周時経(1910:52)の「버금본드(補足例文)二」に現れている。「먹는다(食べる)」の１語であるが、「主語と客語が本意として有る」として図では隠れたそれらを「ㅅ」で示している。その図を括弧で示すと(28b)の通りである。

(28) a. 먹는다.(食べる。)
　　 b. [[[[[ㅅ]ㅅ] [[ㅅ]ㅅ]] 먹]는다]

　-는다を語尾と認め、これを付けることで文を終結することを示している。動詞１語でも文になり得ることを指摘した点は興味深い。

　このように開化期文法の段階から朝鮮語の用言と文の特徴について-다をもって詳しく論じていた。それは陳述に関する主要な対照点になると思われる。従って崔鉉培(1937)で「陳述」という語が用いられた後からもとりたててその概念について議論する必要はなかったと考えられる。

3. おわりに

　本論でもふれた通り、開化期の文典に日本の文典の影響があることは

---

45) (27b)(27c)の各用語については金敏洙(1977:367-400)の「周時経の学術用語」に従った。

しばしば指摘されてきた。その影響があったことを前提にして、では現在の私たちはどのような研究ができるだろうか、というのが本稿で言う日朝対照文法論を試みるきっかけであった。이카라시 고이치(2000a)、이카라시 고이치(2002:118-136)は陳述についてそうした観点から論じたものである。今回本稿を作成するにあたり、当時入手できなかった資料や近年刊行された書籍で明らかにされた点、主張されている点などを整理し、大幅に修正と追加を行った。

ところで、-다が主語と述語を統一し、また文を成立させる要素であるならば、前者は「統覚作用」、後者はいわゆる陳述論でいうところの「陳述」の作用である。陳述は一般的な語ではあっても、文成立の作用にあってはやはり文法的な用法を内在しているのではないだろうか。このようなことを『우리말본』の「씨갈(詞論)」を要約した五十嵐孔一(2015:16)で示唆したが、今後もさらなる慎重な検討が必要である。

参考文献

五十嵐孔一(2008)，「韓国近代文典史」，野間秀樹(編)『韓国教育論講座』第4巻:419-435，東京，くろしお出版.

五十嵐孔一(2011)，「<研究ノート>『우리말본』の「말소리갈」について」，『朝鮮学報』第220輯:1-24，天理，朝鮮学会.

五十嵐孔一(2012)，「<研究ノート>『우리말본』の「씨갈」について(1)」，『朝鮮学報』第224輯:59-91，天理，朝鮮学会.

五十嵐孔一(2015)，「<研究ノート>『우리말본』の「씨갈」について(2)」，『朝鮮学報』第236輯:1-30，天理，朝鮮学会.

五十嵐孔一(2018)，「陳述と진술について―日朝対照文法論の観点から―」，第258回朝鮮語研究会，口頭発表資料:1-12，東京，東京大学本郷キャンパス.

尾上圭介(2001a)，「山田文法とは」，『文法と意味Ⅰ』，257-275，東京，くろしお出版(初出は『言語』10巻1号(1981)).

尾上圭介(2001b)，「文法論―陳述論の誕生と終焉―」，『文法と意味Ⅰ』，277-300，東京，くろしお出版(初出は『国語と国文学』67巻5号―特集「昭和の国語学・国文学」―(1990)).

奥津敬一郎(1974),『生成日本文法論』,東京,大修館書店.
川村大(2014),「陳述」,佐藤武義他(編)『日本語大事典(下)』, 1389-1390, 東京,朝倉書店.
久野暲(1973),『日本文法研究』,東京,大修館書店.
寺村秀夫(1982),『日本語のシンタクスと意味　第Ⅰ巻』,東京,くろしお出版.
時枝誠記(1950),『日本文法　口語篇』,東京,岩波書店.
仁田義雄(2014),「陳述論」,佐藤武義他(編)『日本語大事典(下)』, 1390-1391,東京,朝倉書店.
服部四郎(1960),『言語学の方法』,東京,岩波書店.
松下大三郎(1930),『改撰標準日本文法』,東京,中文館書店.
三上章(1953),『現代語法序説』,東京,刀江書院(1972年復刊,くろしお出版).
山田孝雄(1908),『日本文法論』,東京,寶文館.
山田孝雄(1922a),『日本文法講義』,東京,寶文館.
山田孝雄(1922b),『日本口語法講義』,東京,寶文館.
渡辺実(1971),『日本構文論』,東京,塙書房.
渡辺実(1980),「陳述」,国語学会(編)『国語学大辞典』, 608,東京,東京堂出版.

강복수(姜馥樹)(1972),『國語文法史硏究』,서울,螢雪出版社.
고영근(高永根)(1983) ,『國語文法의 硏究』,서울,塔出版社.
고영근(1995),『최현배의 학문과 사상』,서울,집문당.
고영근(2001),『역대한국문법의 통합적 연구』,서울,서울대학교출판부.
고영근・이현희(李賢熙)(校註)(1986),『周時經,國語文法』,서울,탑출판사.
국립국어연구원(엮음)(国立国語研究院(編))(1999),『표준국어대사전』,서울,두산동아.
김규식(金奎植)(1909),『대한문법』,油印本(歷代韓國文法體系 1-14, 1977年,서울,塔出版社).
김민수(金敏洙)(1977),『周時經硏究』,서울,塔出版社.
남기심(南基心)・고영근(1985/2014),『표준국어문법론』제4판,서울,

박이정.
유길준(兪吉濬)(1909), 『大韓文典』, 漢城, 隆文館(歷代韓國文法體系 1-06, 1979年, 서울, 塔出版社).
이카라시 고이치(五十嵐孔一)(2000a), 「陳述(진술)에 대하여」, 서울대학교 국어국문학과(편) 『국어학논집』 4:139-154, 서울, 역락.
이카라시 고이치(2000b), 『飜譯 周時經『國語文法』―現代韓國語譯과 日本語譯―』, 私家版.
이카라시 고이치(2002), 『한국어 연구와 한국어의 텍스트 해석』, 문학박사학위논문, 서울, 서울대학교대학원 국어국문학과.
주시경(周時経)(1910), 『國語文法』, 京城, 博文書館(歷代韓國文法體系 1-11, 1977年, 서울, 塔出版社).
최광옥(崔光玉)(1908), 『大韓文典』, 漢城, 安岳勉學會(歷代韓國文法體系 1-05, 1979年, 서울, 塔出版社).
최현배(崔鉉培)(1937), 『우리말본』, 京城, 延禧專門學校出版部(歷代韓國文法體系 1-47, 1979年, 서울, 塔出版社).
최현배(1971), 『우리말본』, 서울, 정음문화사.

【要旨】

陳述と진술について―日朝対照文法論の観点から―

五十嵐 孔一

　본고는 '진술(陳述)'을 주제로 일본어와 한국어의 문법론을 대조적으로 살펴보기로 한다. '진술'은 일본 야마다의 문법론에서 시작된 후 지금까지 많은 연구들이 있었다는 사실은 잘 알려진 바이다. 한편 한국어 문법론에서는 최현배의 "우리말본"(1937)에 '진술'이라는 말이 나오기는 하지만 별다른 연구의 대상은 되지 않았다. 본고에서는 이러한 원인에 대해서 논하기로 한다.

　진술이 여러 단어들이 모인 것을 문장으로 성립시키는 것이라면 그 기능은 문법적일 것이다. 하지만 야마다의 문전에는 진술 그 자체를 정의한 기술은 찾아보기 어렵다. 야마다 문법에서는 '통각작용(統覺作用)'이 문장 성립의 요건이었던 것이다. 진술의 해석은 도키에다를 비롯한 학자들에 의해 다시 검토되어 논의의 초점이 된 바가 있다. 여기서의 주된 논점은 진술이 오히려 문장을 성립시키는 요소라는 것으로 소위 '진술론'으로서 널리 전개되었다. 지금에 이르러서는 '진술'이란 '말한다'는 뜻으로 특수한 문법 개념이라 할 수 없다는 견해도 있다.

　그런데 한국어 문법론에서는 최현배(1937)에 '진술'과 '통각작용'이 둘 다 나오는데 두 용어들에 대해서는 눈에 띌 만한 논의는 없었다. 한국어에는 문장을 성립시키는 문법적인 요소로 종결어미가 있는데 최광옥(1908), 유길준(1908), 김규식(1909), 주시경(1910) 등, 개화기 문법에서 이미 그 기능에 대해 자세히 기술되었다. 이것이 바로 최현배(1937)에서 '진술'이 사용되어도 특별한 논의가 이루어지지 않은 원인의 하나가 아닐까 싶다. 종결어미 '-다'가 주어와 서술어를 통일시키는 동시에 문장을 성립시키는 요소라면, 전자는 통각작용이며 후자는 진술론에서의 진술작용이라 볼 수 있다. 그렇다면 '진술'은 일반적인 말이면서도 역시 문법적인 용법을 내포한다고 생각된다.

【キーワード】陳述, 진술, 統覺作用, 山田孝雄, 崔鉉培, 終結語尾

対面会話開始部の日韓対照研究
—日常的・久しぶりに出会った場面において—

岡村 佳奈（おかむら・かな）

1. はじめに

　近年、言語の研究は、文、あるいは発話文[1]のレベルから談話(discourse)[2]レベルへと研究範囲が広がってきている。談話が「言語使用の原型(Levinson 1990:356)」であることが強く認識され、アンケート調査などの研究方法では明らかにできない、「実際の相互作用におけるダイナミックな言語使用を捉える必要性が叫ばれるように(宇佐美 1999:42)」なったためだろう。

　本研究では、談話研究のひとつとして対面会話における開始部を取り上げ、言語的にも文化的にも類似しているといわれる日本語と韓国語のそれを対照していきたいと思う。より具体的には、対面会話において日本人と韓国人が会話をどのように始めるのかという開始部の構造を明らかにすると同時に、その中からみえる日韓の類似点と相違点を明らかにすることを研究目的とする。ただし、同じ日本人、韓国人といっても年齢や性別、相手との関係によって様相が異なる可能性があるため、本研究では特に20代の男女に対象を絞って、変数による違いをみていくこととする。

　開始部は、開始部→主要部→終了部によって構成される会話の一部分であり、人と人とが接触してから主要部、つまり話の本題や深い内容に入るまでの部分を指す。対人関係を円満に構築し、主要部へと円滑に話

---

1) 宇佐美(2015:2)によれば、発話文とは、「会話という相互作用の中における「文」」のことである。
2) 「談話」と類似した用語に「会話」があるが、この区分についてザトラウスキー(1991:79)では以下のように述べている。本研究では、この言及にしたがって「会話」と「談話」を使い分けることとする。

　「会話」は、いくつかの「談話」からなる全体的構造で、例えば、「挨拶」から始まり、その後何種類かの「談話」が続いた後、再び「挨拶」で終る、ひとまとまりの言語表現の全体である。

を進めるのに重要な役割を果たす部分であるため、開始部についての日韓対照は、日韓の言語様相の比較だけにとどまらず、日韓言語文化への理解を促す一助となるだろう。

2. 先行研究の概観

　開始部に関する先行研究は、談話を対象にしたものと、ひとつかふたつの発話文だけを対象にしたものとに大きく分けられる。

　まず談話を対象とした先行研究は Hopper(1992)や吉野(1994)など電話会話を対象にした会話分析(Conversation Analysis)が大半であり、研究者によって使用している用語は異なるものの、汎言語的に「呼び出し(電話のベル)―応答」→「自己提示―認定」→「挨拶(Hi)―挨拶(Hi)」→「実質的表現(How are you?)[3]―応答(Fine)」の4つの隣接ペア[4]で構成されているということなどが明らかにされてきた。

　　(1) 談話例1
　　　　C: ((rings))　　　　　　　【呼び出し(電話のベル)】
　　　　R: Hello　　　　　　　　 【応答】【受け手の自己提示】
　　　　C: Hello Ida?　　　　　　【受け手の認定】【かけ手の自己提示】
　　　　R: *Yeah*　　　　　　　　【かけ手の認定】
　　　　C: Hi,=This is Carla　　　【挨拶】
　　　　R: *Hi* Carla.　　　　　　【挨拶】

---

[3] 「実質的表現」を Hpper(1992)では「Initial Inquiry: How are you?」、吉野(1994)では「あいさつ表現」としているが、本研究では「実質的表現」で用語を統一することとする。

[4] 隣接ペアとは、Schegloff & Sacks(1973)によって提唱された「質問―応答」「挨拶―挨拶」のような対をなす行為の連鎖のことであり次のような特徴を持っている。ただし Levinson(1990)によれば、(2)に関しては、満たされていなくても隣接ペアと認められることがある。

　　(1) ふたつの発話からなる。
　　(2) ふたつの発話は隣接した位置にみられる。
　　(3) 別の話し手によってそれぞれの発話が産出される。
　　(4) 第1成分(first pair part)が第2成分(second pair part)に先行する。
　　(5) 第1成分は、ある特定の第2成分を引き出す(「質問」は「応答」を、「依頼」は「受諾/拒絶」など、を)。

```
C: How are you.        【実質的表現】
R: Okay:.              【応答】
         (談話例は Hopper 1992:55から引用、付記は筆者による)
```

　また、談話的な観点から日韓対照をした研究には電話会話を分析した林美善(2003)、スマートフォンによるチャットを分析した李涓丞(2017)などがあり、(1) 日本語では観察される挨拶が韓国語では観察されないこと、(2) 韓国語では「実質的表現―応答」のやりとりが長く、本題の開始が遅れることなどについて言及している。
　一方、発話文を対象にしたものは言語行動という観点からアプローチしているものが多く、アンケート調査やドラマ分析を通じ「広義の挨拶[5]」について主に研究がなされてきた。特に、日韓対照に関しては、韓国語における「広義の挨拶」に比べ日本語のそれが定型性が高いと様々な研究によって頻繁に指摘されてきた。2000年代に入ってからは박영순(2003)などによって韓国語では相手との親疎によって用いられる表現が左右されるのに対し、日本語では親疎にかかわらず定型的な表現がよく用いられるということも報告されるようになってきている。
　このように日韓の開始部については議論がある程度蓄積されてきたが、対面会話を対象に談話的な観点から日韓対照を行った例は非常に限られているため、先行研究による論議を確認、補完する研究が必要とされる。

3. 研究方法および研究対象

　2016年10月から2018年6月にかけて、同年齢および同性同士の日本人ペアと韓国人ペアを対象に、ロールプレイ調査を2人1組で実施し、その会話を録音した後、宇佐美他(2007)および宇佐美(2015)を基に文字化を行った。
　ロールプレイ調査票の例は以下の通りであり、日常的に出会った場面と久しぶりに出会った場面で親しい友人、もしくは親しくない友人と出

[5) 挨拶の定義は研究者によって異なり、「おはよう」「こんにちは」のような定型的表現のみを範疇に含める狭義の捉え方と、それ以外の「元気だった?」や「最近どう?」のような決まりきっていない表現も範疇に含める広義の捉え方がある。本研究では、後述するように狭義のもののみを「挨拶」とみなし議論を進めるため、ここでは用語が混同しないよう「広義の挨拶」と記した。

会ったと想定するよう依頼した。つまり、「日常的に出会った場面×親しい友人」「日常的に出会った場面×親しくない友人」「久しぶりに出会った場面×親しい友人」「久しぶりに出会った場面×親しくない友人」の4パターンに関して会話を録音したということである。

日常的に出会った場面(親しい友人同士)　Ａさん用[6]

あなたとＢさんは、同じ学校／職場に通っている非常に仲の良い友人で、毎日のように顔をあわせます。今日9時頃、あなたは学校／職場の廊下で、Ｂさんに会いました。声をかけ、今日これから履修する授業／今日の業務などについて3分ほど話してから、別れてください。明日から連休で1週間学校／会社が休みになるため、Ｂさんとは会えなくなります。

久しぶりに出会った場面(親しい友人同士)　Ａさん用

Ｂさんは、あなたと同じ学校／職場に通っている非常に仲の良い友人ですが、あなたが3カ月間アメリカへ語学留学／アメリカへ出張に行っており、しばらく会っていませんでした。今日1時頃、留学／出張を終え日本に帰国したあなたは、学校／職場の廊下で、Ｂさんに久しぶりに会いました。声をかけ、今日これから履修する授業／今日の業務などについて5分ほど話してから、別れてください。あなたとＢさんは今晩、学校／会社の飲み会に出席をするため、後でまた会うことになっています。

　なお、調査では話す内容を依頼や勧誘などにせず、雑談するよう会話参加者に依頼した[7]。話す内容を雑談にした理由は、話題を勧誘や依頼などにしてしまうと依頼のための前置きという性格が浮彫りになったりして、単なる開始部の構造や特徴を抽出できない可能性があると判断したためである。

---

6) 韓国人には、同様の内容を韓国語に翻訳したものを提示した。また、ここではＡさん用の親しい友人同士のロールプレイ調査票のみを記したが、もう1人の会話参加者であるＢさん用のもの、および親しくない友人同士のものも、「非常に仲の良い友人です」の部分が「互いに顔を知っていますが、あまり親しくない間柄です」となっているなど一部異なる部分があるだけで、内容はほぼ同じであった。
7) 調査票では、「今日これから履修する授業／今日の業務などについて」のように具体的な話題を記したが、これは内容を指定しないと何も話せなくなる会話参加者もいると考えたためである。これについては前もって会話参加者たちに説明し、調査票の話題にとらわれず自由に雑談しても構わないことを伝えた。

また、会話参加者同士の関係を現実に近いものにするため、親しい友人のロールプレイは実際に親しい友人同士で行い、親しくない友人のロールプレイは初対面の会話参加者2人に自己紹介を含めた自由会話をしてもらった後、自分たちを親しくない友人だと仮定して調査に臨んでもらうようにした。

　このようにして収集した会話データのうち、本研究で分析対象とするデータは、以下のような内訳の日本人による72談話、韓国人による68談話、計140談話の開始部である。調査に参加した会話参加者の異なり人数は日本人が36名(男性: 16名、女性: 20名、平均年齢: 22.7歳)、韓国人が38名(男性: 18名、女性: 20名、平均年齢: 25.3歳)、計74名[8]であり、すべて東京近辺もしくはソウル近辺に在住する20代の母語話者で、属性は学生、会社員、主婦などであった[9]。

【表1】ロールプレイ調査で収集した談話数

	日本男性ペア	日本女性ペア	韓国男性ペア	韓国女性ペア
日常的×親	8談話	10談話	8談話	10談話
日常的×疎	8談話	10談話	8談話	8談話
久しぶり×親	8談話	10談話	8談話	10談話
久しぶり×疎	8談話	10談話	8談話	8談話

4. 調査の結果および分析
4.1. 全体的な構造

　調査の結果、日韓の開始部は、場面を問わず「認識―認識」→「挨拶―挨拶」→「実質的表現―応答」という3つの隣接ペアからなっており、先行研究による指摘と非常に類似していることが明らかになった。

---

[8] 本研究で先行研究に挙げた吉野(1994)、林美善(2003)、李涓丞(2017)ではそれぞれ58件、40件、80件のデータを収集していたが、調査参加者数の異なり人数は明記されていなかった。例えば、吉野(1994)では5名の自宅にテレフォンピックアップを設置してもらい、かかってきた電話、もしくはかけた電話を58件収集したと述べられているだけだった。
[9] ロールプレイ調査票に「あなたと B さんは、同じ学校／職場に通っている」などと記されているように、調査を計画した当初は、学生と社会人との差も分析することを念頭に置いていたが、社会人の募集が難しく、属性を統制しきることができなかった。

(2) 談話例2：日常的・親しい友人同士[10]
 J21: おー&,,　　　　　　　　　　　　　　【認識】
 J21: おはよう。　　　　　　　　　　　　【挨拶】
 J23: おー&,,　　　　　　　　　　　　　　【認識】
 J23: おはよう。　　　　　　　　　　　　【挨拶】
 J21: 《沈黙 1.5秒》あれ、今日ダンス練習来る?,,　【実質的表現】
 J23: うん。　　　　　　　　　　　　　　【応答】
 J21: 放課後のやつ。
 J23: 行く行く。

(3) 談話例3：日常的・親しくない友人同士
 K23: 어ー&,, (おー&,,)　　　　　　　　　【認識】
 K23: 안녕?.(おはよう／安寧なの?) [11]　　【挨拶】
 K24: 아ー&,, (あー&,,)　　　　　　　　　【認識】
 K24: 안녕?.(おはよう)　　　　　　　　　【挨拶】
 K24: 어, 너도 이 수업 들어?.　　　　　　【実質的表現】
  （お、お前もこの授業とってる?)
 K23: 어ー, 나 오늘 이 수업 듣는데.　　　　【応答】
  （おー、俺、今日この授業とるけど）

4.2. 認識—認識

「認識—認識」は、相手が既知の人だということを認識し、時には注意喚起しつつ相手に自分の存在を知らしめる部分である。

まず、日本人による「認識—認識」という隣接ペア[12]の第1成分、つま

---

10) データの記号については、本稿の末尾にある文字化資料の凡例を参照されたい。
11) 直訳では「安寧なの?」という意味になるが、韓国では単なる挨拶として使われるため、「おはよう」と意訳できる。これ以降は、意訳のみを提示することとする。
12) 隣接ペアは強い結びつきを持ち、第1成分が産出されたのに第2成分が開始されない場合、規則からの逸脱が生じているという理解が導かれる(高木他 2016:98)。しかし、「認識—認識」の場合は、第2成分が省略される場合も多いが、以下のように不在の場合でも特に違和感は感じられない。したがって、厳密には隣接ペアと呼ぶには不適切かもしれないが、本研究では便宜上、隣接ペアという用語を用いることとする。

 J08: あ&,,　　　　　　　　　　　　　　【認識】

り第1話者の発話のみを分析したところ、【表2】のように親疎差は見受けられなかったが男女差がみられ、女性には場面にかかわらず「あ」「あー」などア形間投詞が多用されることが明らかになった。一方、男性はア形間投詞も用いるものの、「お」「おーい、名」などのオ形間投詞をより好むことがわかった。吉野(1994:7)や林美善(2003:45)などの先行研究ではア形間投詞は相手認定時に頻繁に発話されると述べられているが、オ形間投詞も相手が誰だかわかったというサインとして発せられるものだと考えられる。

【表2】日本人による「認識―認識」の第1成分

	発話形式	疎・男	親・男	疎・女	親・女	計
日常的	「あ」「あー」	4	1	8	5	18
	「お」「おーい、名」「おう[13]」	3	6			9
	「あれ?」「名」等			1	2	3
	認識なし	1	1	1	3	6
久しぶり	「あ、あー」「あー」「あ、名」			6	4	10
	「おー」「お」「お、名」	8	8		1	17
	「あれ、名」「わー」等			3	3	6
	聞き取り不能				1	1
	認識なし			1	1	2

＊以下、表内の数字は談話数を表す

一方、韓国人による「認識―認識」の第1成分では、【表3】のように親

  J08: <おはよう>{<}。   【挨拶】
  J07: <おはよう>{>}。   【挨拶】

13) 収集された談話の中には、以下のように「おう」が認識として発話されているのか挨拶として発話されているのか不明な例も数件みられた。羅聖淑(2010)などでは「おう」も挨拶だとみなしているが、このような発話は認識の談話標識として用いられている間投詞が、挨拶の機能も担うようになったものだと推測される。したがって、本研究では、認識と挨拶、両者の機能を兼ね備えているものだと考え、このような談話がみられた場合、「認識―認識」における「おう」というオ形間投詞に1件、「挨拶―挨拶」における「おう」という挨拶にも1件計上し、分析することにした。

 →J36: <おう>{<}。
 →J33: <おう>{>}。
  J36: 今日、何限?。
  J33: え、今日、1限から。

しい相手にのみ「야(おい)」が用いられたという点以外には際立った親疎差が認められなかった。そして、男女ともに「아(あ)」のようなア形間投詞など様々な発話形式が用いられていたが、「어(お)」や「어, 「이름」 아냐?(お、「名」じゃん)」といったオ形間投詞がもっとも多く用いられていることが明らかになった。林美善(2003)でも認識を示す談話標識として日本語では「あ」、韓国語では「어(お)」が用いられると述べていたことから、先行研究の言及と本研究による分析結果はほぼ一致しているといえるだろう。

【表3】 韓国人による「認識―認識」の第1成分

	発話形式	疎・男	親・男	疎・女	親・女	計
日常的	「어(お)」「어(おー)」「어, 「이름」 야(お、「名」)」	5	3	4	3	15
	「아(あ)」「아, 예(あ、はい)」	1	2	3		6
	「야(おい)」		2		2	4
	「요우(よう)」等			1	1	2
	聞き取り不能				1	1
	認識なし	2		1	3	6
久しぶり	「어(お)」「워(うぉ)」「어, 「이름」 아냐?(お、「名」じゃん)」	6	6	5	5	22
	「아(あ)」「아ー, 「이름」 씨(あー、「名」さん)」	2	1	2		5
	「야(おい)」				3	3
	「이름(「名」)」等			1	2	3
	認識なし			1		1

4.3. 挨拶―挨拶

挨拶は、「他人と出会ったり別れたりする時、円満な人間関係を形成・維持強化するために交わす社交的もしくは儀礼的な行動様式(오카무라 2014:15)」である。言語的要素のうち、どのような発話形式を挨拶として定義するかについては揺れがあると思われるが、本研究では、沢木・杉戸(1999)を参考に、挨拶する場面において決まり文句として用いられている表現であり、言語形式が固定化しているあまり元来持っていた命題、

意味が失われたり希薄化したりしている定型的表現を挨拶とみなすこととする[14]。

このような定義に基づき、日本語談話における「挨拶―挨拶」の第1成分を分析したところ、挨拶が用いられなかった例が、72談話中4件しか観察されないということが明らかになった。挨拶がみられた談話では、女性の場合は、日常的に出会った場面で「おはよう」や「おはようございますー」などの「おはよう類」、久しぶりに出会った場面で「久しぶり」や「お久しぶりですー」などの「久しぶり類」を単独もしくは他の表現と一緒に使う頻度が高く、親疎差も認められなかった。一方、男性の場合は、特に日常的に出会った場面では「おはよう類」のほか、「こんちはーす」「うっす」「おう」「どうも」などが用いられるという多様性がみられた。羅聖淑(2010)でも、男性の場合、友人の間柄では「おはよう」というような決まり文句より「よっ」「うっす」のような掛け声型を好むというアンケート結果を報告していたことから、このような本研究での分析結果も先行研究での言及と一致しているといえる。要するに、女性の場合は場面によってある特定の挨拶が用いられており、「日本語の挨拶は親疎を問わず定型性が高い」という分析結果が得られたが、男性の場合は女性ほど定型性が高くなかったということである。これは、女性は男性より保守的で良いと考えられる標準的、威勢的な変種を好んで用いる(Trudgill 2000)ために生じた結果だと考えられる。

---

14) 沢木・杉戸(1999:126-127)によれば、挨拶における命題、意味が弱くなるのは、その主な機能が交感的(phatic)機能だからである。会話参加者の双方が、互いにコミュニケーションを交わすことができるような状態に入り、その状態に身を置くこと、それが交感であるが、実質的な内容を伝達することに主眼がなく、ただその場の人間関係を作ったり維持するのが交感的機能の果たす役割であるため、挨拶は自然と「内容の無意味性」という特徴を持つようになるという。なお、韓国語における「식사하셨어요?(食事されました?)」「어디 가나?(どこ行くの?)」のような疑問形表現は、人と出会った時、決まり文句のように用いられる表現だが、本研究では挨拶に含めなかった。오카무라(2017)で疑問形表現への認識と応答を明らかにするため、20代の韓国人にアンケート調査を行った結果、疑問形表現における字義的な意味が失われていないと分析されたためである。また、使用頻度があまり高くない「좋은 아침(良い朝)」は決まり文句かという点では曖昧であるが、英語の「Good morning」を直訳した表現であるため、挨拶に含めることとした。

【表4】日本人による「挨拶―挨拶」の第1成分

	発話形式	疎・男	親・男	疎・女	親・女	計
日常的	「おはよう」「おはようございますー」	2	2	8	8	20
	「おはよー＋お疲れー」「おはよう＋久しぶり[15]」		1	2	1	4
	「こんちはーす」		1			1
	「お疲れ」「お疲れっす」	2				2
	「おう」	2	1			3
	「うっす」「うっす、おー」	1	1			2
	「どうもー」	1				1
	挨拶なし		2		1	3
久しぶり	「久しぶり」「お久しぶりですー」	4	5	7	7	23
	「久しぶり＋お疲れ」	3	1	1		5
	「お疲れー」「お疲れ様です」「お疲れっす」			1	1	2
	「やっほー」			1	1	2
	「おっすおっす」	1				1
	「おう」		1			1
	「お,か,え,り」		1			1
	挨拶なし				1	1

次に、隣接ペアの第1成分だけでなく第2成分も含めて分析してみることとする。

Hopper(1992)などによれば、挨拶には互いに発話を繰り返し合うという特徴があるが、本研究で収集された挨拶が省略されていなかった68件の談話のうち60件というほとんどの談話でも、第1成分と第2成分の発話形式が同一、もしくは類似していることがわかった。つまり、1人目の話し手が「久しぶりー」と言ったら、次の話し手も「超久しぶりー」と類似した発話を相手に呼応するように繰り返す傾向がみられたということで

---

15) ロールプレイ調査票には「毎日のように顔をあわせます」と記されていたため「久しぶり」という挨拶は場面設定を十分に理解していなかったため発せられたものだと考えられる。場面設定にそぐわないような表現が観察された場合、ロールプレイを再度してもらった場合もあったが、やり直しを繰り返すと会話が余計不自然になる危険性もあるため、やり直しは2回以上行わなかった。

ある。

　また、「挨拶―挨拶」の第1成分と第2成分が互いに、もしくはその前後の発話と重なり合っていた以下のような談話が68談話中41件で収集された点も興味深い。特にこのような談話は、女性談話では27件、男性談話では14件みられたため、女性の方が発話を重ね合って挨拶する傾向があるといえそうである。

　　(4) 談話例4：日常的・親しくない友人同士[16]
　　　　J01: あ&,,
　　→J01: <おはようございます→}{<}。
　　　　J02: <あ、あ&,,
　　→J02: おはようございま>{>}まーす。

　　(5) 談話例5：久しぶり・親しい友人同士
　　　　J04: あ、<「J02名」ちゃーん<笑い>>{<}。
　　　　J02: <あ、あー&,,
　　→J02: 久し>{>}<ぶり→}{<}。
　　→J04: <久し>{>}ぶりー。

　実際の音声を聞いてみると談話例4のように重なり合っている部分が長く、一語一句互いに聞き取っているのか疑問の余地が残る談話も多い。互いに何を言っているのかがわからなければ発話の直後に言い直しが起こるはずだが、言い直しが観察された例は少ないため、重なりが会話参加者同士によって許容されており、かつ重なりがあったとしても互いに挨拶していることを理解しあっていると推測される。
　一方、韓国語談話における第1成分を分析した結果は、【表5】の通りであり、先行研究での指摘と同様、親疎によって様相が異なることが明らかになった。

---

16) 本稿の末尾に記した文字化の凡例にもある通り、< >{<}は発話が重ねられた部分、< >{>}は発話を重ねた部分であるため、この談話例4ではJ01による<おはようございます→}{<}とJ02による<あ、あ&,,おはようございま>{>}が重なり合っているということになる。

【表5】韓国人による「挨拶―挨拶」の第1成分

	発話形式	疎・男	親・男	疎・女	親・女	計
日常的	「안녕?(おはよう)」「안녕하세요?(おはようございます)」	6	1	5	2	14
	「안녕?+오랜만이다―(おはよう+久しぶり―)」 안녕하세요?+오랜만이에요(おはようございます+お久しぶりです)	1		2		3
	「좋은 아침(良い朝)」	1				1
	「하이(Hi)」				2	2
	挨拶なし		7	1	6	14
久しぶり	「안녕?(おはよう)」「안녕하세요?(おはようございます)」	1		2	2	5
	「안녕?+오랜만이다(おはよう+久しぶり)」「안녕하세요?+오랜만이에요(おはようございます+お久しぶりです)」	5		3	0	8
	「오랜만이다(久しぶり)」「진짜 오랜만이다(超久しぶり)」	2	2	2	2	8
	「하이(Hi)」				1	1
	「헬로(Hello)」		3			3
	挨拶なし		3	1	5	9

具体的には親しい相手に挨拶を産出しなかった例は36談話中21件もあったのに、親しくない相手には32談話中2件以外では挨拶を交わしており、韓国人は親疎によって挨拶を省略するか否かを異にすると分析された。用いられた発話形式は、日常的に出会った場面では「안녕?(おはよう)」「안녕하세요?(おはようございます)」のような「안녕(おはよう)類」、久しぶりに出会った場面では「안녕(おはよう)類」のほか「진짜 오랜만이다(超久しぶり)」「오랜만이에요(お久しぶりです)」のような「오랜만(久しぶり)類」が多く、一部「좋은 아침(良い朝)」「하이(Hi)」のような英語の影響を受けた発話形式も観察された。また、久しぶりに出会った場面で観察された「헬로(Hello)」3件は、ロールプレイ調査で「アメリカへ語学留学/アメリカへ出張」と場面設定されていたために発せ

られた談話例6のような英語による挨拶であり、ほかの発話形式とは一線を画す類のものであった。

 (6) 談話例6：久しぶり・親しい友人同士
  K27: 아&,,(あ&,,)
 →K27: 헬로. (Hello)
  K27: 아임 파인, 땡큐<웃음>. (I'm fine, Thank you <笑い>)
  K26: 미국 가면 미국으로 넘어가면 이렇게 맛이 가는 거야?.
   (アメリカに行ったら、アメリカに行ったらそんなにおかしくなるわけ?)

挨拶の繰り返しという点については、挨拶が用いられていた45件の談話のうち22件で第1成分と第2成分が異なっており、日本人ほど挨拶のオウム返しを志向しないことがわかった。「안녕(おはよう)類」に関しては、「안녕?(おはよう)」が発せられていた30件中20件でオウム返しが行われていたものの、「좋은 아침(良い朝)」「하이(Hi)」「헬로(Hello)」では会話参加者が互いに同じことばを繰り返す例は1件もなかった。使用頻度の高い「오랜만(久しぶり)類」でもそれが第1成分として用いられた19件のうち3件以外ではオウム返しがみられず、それ以外では「어ー, 맞아요 (<웃음>). (おー、そうですね(<笑い>))」と久しぶりに会った事実を認める発話で返答されていたり、「선물 갖고 왔어요. (お土産持ってきました)」のように返答が省略されて次の段階である実質的表現の第1成分が続いていたりしていた。

 (7) 談話例7：久しぶり・親しくない友人同士
  K18: 어우&,, (おー&,,)
  K18: 안<녕하세요?>{<}. (お<はようございます>{<})
  K17: <안녕하세요?>{>}. (<おはようございます>{>})
 →K17: 완전 오랜만이네요. (本当にお久しぶりです)
 →K18: 어ー, 맞아요(<웃음>). (おー、そうですね(<笑い>))

(8) 談話例8：久しぶり・親しくない友人同士
  K27: 아ー, <「K28名」씨>{<}. (あー, <「K28名」さん>{<})
  K28: <아ー>{>}&,, (<あー>{>}&,,)
 →K28: 오랜만이에요. (お久しぶりです)
 →K27: 선물 갖고 왔어요. (お土産持ってきました)
  K28: 아ー,, (あー,,)
  K27: 어디 갔다 왔는지 알아요?. (どこ行ってきたか知っています?)
  K28: 기대도 못 했는데. (期待もしてなかったのに)

　最後に、発話の重なりに関しては、韓国語の場合は12件と少なく、K02が「안녕하세요?<웃음>. (おはようございます<笑い>)」と言い終わった後に、K03が挨拶を開始するという以下のような重なりのない談話が大多数であった。最初に録音した日常的に出会った場面ではオーバーラップの件数が3件であったのに、その次に録音した久しぶりに出会った場面で9件みられたため、録音に慣れた状態や実際の自然会話では、もう少し重なりが増加するかもしれないが、いずれにせよ韓国語談話では、相手がことばを言い終わった後に、自分の発話を始めたがる傾向があるといえそうである。

(9) 談話例9：日常的・親しくない友人同士
  K02: 아&,, (あ&,,)
 →K02: 안녕하세요?<웃음>. (おはようございます<笑い>)
 →K03: 안녕하세요?. (おはようございます)
  K03: 오늘 뭐 약속 있어요?. (今日、何か約束あります?)

4.4. 実質的表現―応答

　「実質的表現―応答」は、開始部の最後に位置する隣接ペアであり、Hopper(1992:61)によれば、深い発話内容を含まない質問や表現が交わされ、会話の方向付けが行われる部分である。
　開始部の最後では実質的表現がいくつか産出された後、主要部に移行していくが、今石(1992:67)によれば、主要部に入る際には、「あのー」「あのねー」などの談話標識がよく使用されると述べられている。しかし、今

回のデータは雑談会話であったためか、談話標識がみられた談話例はほとんどなく、どこからが主要部なのか判断が難しいものが多かった。

　そこで、本研究では、「挨拶―挨拶」の直後に観察されたひとつ目の隣接ペアのみを「実質的表現―応答」とみなし、分析することにした。ただし、「挨拶―挨拶」の後、以下のJ02による「<元気でした?>{<}。」のようにことばが発せられたのに相手に聞き取られなかったなどして応答が観察されなかった場合は隣接ペアをなしていないと考え、その次の発話とその応答を「実質的表現―応答」とみなすことにした。つまり、この談話例の場合はJ01による「<確か>{>}アメリカにー<留学してらしたんですよねー?>{<}。」とそれに対するJ02の応答を「実質的表現―応答」だとして分析したということである。

　　(10) 談話例10：久しぶり・親しくない友人同士
　　　　J02: <あ、あー&,,
　　　　J02: お久しぶり>{>}です。
　　　　J01: え,,
　　→　J02: <元気でした?>{<}。
　　→　J01: <確か>{>}アメリカにー<留学してらしたんですよねー?>{<}。
　　→　J02: <あ、そうなんですよ>{>}、ちょうどーー昨日帰ってきたところでー(えー)ちょっと今日初めて、が、学校にー(ああ)出て#####たんですけどー。

吉野(1994)などを参考に分類した実質的表現の類型と日韓でみられたその具体例は表の通りである。

【表6】実質的表現の類型とその具体例[17]

類型	日本	韓国
① 行動・状況	え、何の授業? 今日、授業あったっけ?3限。	수업, 뭐 듣냐? (授業、何とってるの?) 어디 가냐? (どこに行くの?)
② 近況	留学行ってたんでしょ? え、どこ行ってたんだっけ?	너 요새 뭐 했어? (お前、最近何してた?) 어디 갔다 왔냐? (どこ行ってきたの?)
③ 健康状態	元気でした? 眠そう	잘 지냈어? (元気だった?) 피곤하다 (疲れた)
④ 食事	該当なし	아, 식사하셨어요? (あ、食事されました?) 뭐야, 아침 먹었어? (何、朝ご飯食べた?)
⑤ 接触・非接触	めっちゃ久しぶりじゃない? 何カ月ぶり?	왜 이렇게 오랜만이야? (何でこんな久しぶりなの?) 몇 개월만이야ー (何か月ぶりー)
⑥ 天候	今日寒くない?なんか 今日すごいいい天気だね	該当なし
⑦ その他	###サラリーマンみたい いやー、その節はほんとに …	선물 갖고 왔어요 (お土産持ってきました) 얼굴 시꺼메졌네 (顔、真っ黒になったね)

　以上のような分類に基づき、日常的に出会った場面と久しぶりに出会った場面における日韓の様相をまとめた結果は【表7】と【表8】の通りである。

---

17) 具体例は、本研究で収集された談話データから抜粋した。

【表7】日本人による「実質的表現―応答」の第1成分

	類型	疎・男	親・男	疎・女	親・女	計
日常的	行動・状況	8	7	8	5	28
	健康状態				3	3
	天候			2	1	3
	その他		1		1	2
久しぶり	近況	6	4	7	5	22
	健康状態	1		3	2	6
	接触・非接触	1	3		2	6
	その他		1		1	2

【表8】韓国人による「実質的表現―応答」の第1成分

	類型	疎・男	親・男	疎・女	親・女	計
日常的	行動・状況	4	5	5	7	21
	健康状態	1		1	1	3
	食事	1		1	2	4
	接触・非接触	2	2			4
	その他		1	1		2
久しぶり	近況	6	5	7	6	24
	健康状態				1	1
	接触・非接触	1	1	1	1	4
	その他	1	2		2	5

　分析の結果、日本人も韓国人も親疎や性別といった変数にかかわらず日常的に出会った場面では「行動・状況」を、久しぶりに出会った場面では「近況」をもっとも多く用いており、日韓差は認められなかった。ただし、「天候」と「食事」に関しては、前者は日本語でのみ、後者は韓国語でのみしか用いられておらず、これまでの研究での言及と同じように日韓差があると分析された[18]。

---

18) 「天候」の日韓差に関しては、서정수(1998:19)によって韓国では実質的表現として天気について言及することは稀であるが、日本では頻繁にそうされると述べられたことがあり、スマートフォンチャットの開始部における日韓差を調査した李涓丞(2017:14)でも天気の話題は日本語チャットのみにみられたと報告されている。また、「食事」に関しても、문금현(2008)などいくつかの研究によって「밥 먹었어?(ご飯食

5. 考察

 以上、これまで言及した通り、対面会話における日韓の開始部は、全体的な構造は似通っているが、各隣接ペアの様相を詳細にみてみるといくつかの相違点もみられることが明らかになった。ここでは本研究でみられたふたつの分析結果について挨拶の定着度と定型性という観点から重点的に考察していく。

5.1. オウム返しと挨拶の定着度

 前述した通り、Hopper(1992)などによれば、挨拶には相手の発話を繰り返すという特徴がみられるが、本研究で収集された日本人による「挨拶─挨拶」でも挨拶の種類にかかわらず、第1成分と第2成分で同一、あるいは類似した発話形式が用いられており、先行研究での言及と同様、オウム返しが志向される傾向があることがわかった。一方、韓国人による「挨拶─挨拶」では、オウム返しが行われていたが、量的には日本人のそれより少なかった。特に、「안녕(おはよう)類」では互いが同じような発話を繰り返す姿が比較的よくみられたのに反し、ほかの挨拶ではそうではなかったという点について熟慮する必要がある。

 このような挨拶の繰り返しについて、Hahn(2009:407)も、本研究による分析結果と同様、「안녕(おはよう)類」ではオウム返しが頻繁に行われると述べている。しかし、会話参加者の社会的関係が同等でない場合には「안녕하세요?(おはようございます)」が単なる挨拶ではなく、「安寧ですか?(Are you all right?)」という字義通りの意味を持つ質問として働くため、目下の人が「안녕하세요?(おはようございます)」と言っても目上の人は「안녕(おはよう)」とは答えず「그래(うん、yes)」など異なった発話形式を用いて返答すると主張している。

べた?)」など食事をしたかどうかを尋ねる表現は、食糧難の時期が歴史的にあったため発達した表現であり、ほかの言語ではみられない韓国特有の表現であると言及されてきた。そして、特に日韓差については金普仁(2007)などを通して、韓国では知人に食事の時間帯に会った時「밥 먹었어요?(ご飯食べましたか?)」のような表現をよく用いるが、日本では、食事をしたかどうかの可否に関する表現は出会いの場面ではほとんど用いられないと指摘されたことがある。

(11) 談話例11：A student greets his professor
　　Student:　annyeng-ha-sey-yo? Kyoswu-nim.
　　　　　　　good-be-SH-Q　　　professor-HS
　　Professor: e kula-y.
　　　　　　　EX right-DC
　　Student:　Are you all right? Professer.
　　Professor: Ah, yes.

(Hahn 2009:407)

　挨拶は「挨拶する場面において決まり文句として用いられている表現であり、言語形式が固定化しているあまり元来持っていた命題、意味が失われたり希薄化したりしている定型的表現」と定義づけられるが、この「元来持っていた命題、意味が失われたり希薄化したりしている」という特徴が弱くなり、発話形式の内容が意識される際、オウム返しが行われなくなるということである。
　ところで、挨拶が持つこの内容の無意味性というものは、ある表現が挨拶として使われ始めた時、瞬時に獲得されるのではなく、それが決まり文句として繰り返し使われ、挨拶として定着していく過程の中で、時代の流れとともに徐々にその特徴を強めていくものだと考えられる。相手が頑張って疲れていることを労う意味を持っていた「お疲れ様」が、現代では本来の意味から逸脱して、「頑張る」場面ではない遊びや飲食の後などにも使えるようになった(倉持 2008)、ようにである。したがって、挨拶が字義通りに意識されるか否かという問題は、挨拶の定着度を推し量るひとつの目安にもなりうるだろう。
　以上のような議論を基に改めて分析結果をみてみると、日本人による「おはよう類」「久しぶり類」のような様々な挨拶や、韓国人が友人同士で交わす「안녕(おはよう)類」は、挨拶として十分に定着した「完全なる、確固たる挨拶」であり、もともとの意味が意識されにくいため、オウム返しが行われやすいと解釈できるだろう。一方、韓国語における「안녕(おはよう)類」以外の挨拶は、挨拶としての定着度が低く、ただの挨拶というよりは、字義通りの意味が意識された発話として機能しやすいため、繰り返しがあまり観察されなかったと判断できる。たとえば、

「오랜만이네(久しぶりだね)」と言ったら、単に挨拶を交わそうとしているのではなく、長い間会っていなかったという事実について叙述したり同意を求めたりするような発話として捉えられている可能性があるということである。

5.2. 発話の重なりと挨拶の定型性

日本語談話のうち特に女性の談話では、「挨拶─挨拶」の第1成分と第2成分が互いに、もしくは、その前後の発話と頻繁に重なり合っていたのに対し、韓国語の談話ではそのような発話の重なりがあまりみられなかった。林河運(2010)などによれば、談話における発話の重なりは概して韓国語よりも日本語の方が多い。そのため、開始部でも発話の重なりに日韓差が生じたとも考えられるが、そのような解釈では、「なぜ日本人女性は日本人男性よりも挨拶をオーバーラップさせる傾向が強いのか」という点を説明することができず、日韓の違いと単純にみなすのは危険だと判断される。

生駒(1996)では、発話の重なりが起こる理由に、オプショナルなことばの追加、終わりの予測、内容予測、相づち、独り言、妨害などを挙げているが、本研究では、このうちの内容予測、特に挨拶の定型性による発話の予測可否が発話の重なりを引き起こしているという可能性を提起する。開始部では、離れていた両者の関係を再構築し不安なく会話を始めるため、相手を認定し次第、速やかに挨拶することが好まれるというが(吉野1992:7-8)、速度を求めるあまり、相手の発話を予測するようになり、その結果、重なりが起こりやすくなるのではないだろうか。

先にも述べた通り、日本語の挨拶は、省略されることが非常に稀であり、特に女性の場合は、定型性も高いため、出会ったらすぐさま「おはよう類」や「久しぶり類」で相手が必ず挨拶するということが予想できる。したがって、その予測を基に、第1話者が挨拶をしたら、第2話者も素早く挨拶を返すことができるのだろう。また、談話データからは会話参加者が重なりを問題視しておらず、互いに挨拶をしているということを認識しているような姿も観察されたが、これは互いに定型的表現を使うだろうという前提があるため、発話が重なり合って一語一句聞き取れていなくても、「挨拶─挨拶」が行われたという理解に支障が生じないためかも

しれない。

　しかし、日本人でも男性の場合は、「おはよう類」や「久しぶり類」のほか、「おう」「お疲れ」「どうもー」など女性に比べて多様な挨拶が用いられるという定型性の低さを呈するため、相手が出会い頭に何と言うのか予測することが難しい。相手が発した「お」だけを聞き取った状態では「おはよう」と言うか「おう」「お疲れ」と言うか予想できないからである。よって、挨拶を返す速度が遅くなり、発話の重なりが減少したのだろう。

　また、韓国語の挨拶は省略される頻度が高く、挨拶なしに実質的表現が発せられることも多い、言い換えれば挨拶の定型性が低いため、やはり日本人男性による談話と同様、発話内容の予測ができず、発話の重なりがあまり起こらなかったと考えられる。実際、談話例12では、「너 되게(お前、超)」を聞いたK23が、次に続くことばが「오랜만이다(久しぶり)」であると予想し、発話がまだ終わる前に挨拶を故意に重ねたと考えられる姿がうかがえる。このように、相手が何を言うか予測が可能な場合は、重なりがみられている。

(12) 談話例12：久しぶり・親しい友人同士
　　K23: 어.(お)
　　K22: 어, 뭐야&,,(お、えー&,,)
　→K22: 너 되게 <오랜만이다>{<}.(お前、超<久しぶり>{<})
　→K23: <오랜만이네>{>}<웃음>.(<久しぶりだね>{>}<笑い>)

6. おわりに

　本研究では研究がまだ及んでいない対面会話の開始部を分析し、日韓の開始部は、「認識―認識」→「挨拶―挨拶」→「実質的表現―応答」という構造を持つことを明らかにした。そして、特に「挨拶―挨拶」に関して以下のように言及した。

① 日本人は誰にでも挨拶を交わしており特に女性は高い定型性を呈していたが、男性は特に日常的に出会った場面で多彩な挨拶を産出していた。一方、韓国人は親しい相手には挨拶を省略させる傾向が強く

みられた。
② 日本人は、第1話者と第2話者が発話形式のオウム返しを挨拶の類型に関係なく頻繁に行っていた。しかし、韓国人は「안녕(おはよう)類」以外ではオウム返しをする頻度が少なかった。挨拶の定着度の違いによってこのような様相がもたらされた可能性が提起される。
③ 「挨拶―挨拶」の第1成分と第2成分が互いに、もしくは、その前後の発話と頻繁に重なり合っているという現象が日本人女性の談話において多く観察された。また、日本人男性と韓国人の談話では、発話が重なる頻度が少なかった。挨拶の定型性が高いほど、発話の重なりも増えると推測される。

そのほか「認識―認識」については、日本人は性差によって好まれる間投詞が変わるのに対し、韓国人は男女ともにオ形間投詞がもっともよく用いられていること、「実質的表現―応答」については、日本でのみ、または韓国でのみ用いられる表現もあるものの、日本人も韓国人も親疎や性別といった変数にかかわらず同様の表現を多用していることを明らかにすることができた。

本研究の意義は、今までほとんど研究がなされてこなかった対面会話における開始部に焦点を当てたという点にある。また、これまでアンケート調査やドラマ分析では明らかにすることができていなかった②と③のような分析ができたということ、そして、親疎差だけでなく、挨拶の定着度と定型性の程度が開始部の様相に影響を及ぼしている可能性を示せたことも本研究の意義だといえるだろう。この主張は日韓対照だけにとどまらない現象かもしれないが、今後、他言語でも研究結果が蓄積されることによって、挨拶の定着度と定型性の程度が開始部の様相に汎言語的に反映されるのか否か明らかにされることが期待される。

一方、本研究の課題としては、コミュニケーションにおける重要な要素である手振りやお辞儀といった非言語行動を分析範疇に含められなかったことが挙げられる。また、学生と社会人の差を分析に含められなかったこと、談話研究という研究方法を採り、量的に結果を検証できなかったことなども限界点に挙げられる。今後、本研究の結果を土台に、非言語行動を含めた、量的にも検証可能な分析を行い、さらに開始部につい

ての考察を深めていきたい。

文字化資料の凡例

。	日本語における発話文の終わり
.	韓国語における発話文の終わり
?	疑問文の表示
"	相手発話挿入もしくはコーディングのための改行
、	読みやすさのための読点
,	日本語における短い間、韓国語における短い間および読みやすさのための読点
&	コーディングのための便宜上の改行
<　　>{<}	重ねられた同時発話
<　　>{>}	重ねた同時発話
(　)	短い、特別な意味を持たないあいづち
#	聞き取り不能
「　」	プライバシー保護のための固有名詞等
<　>	笑いながら発話したものや笑い
《沈黙 秒》	1秒以上の沈黙

参考文献

生駒幸子(1996)「日常会話における発話の重なりの機能」『世界の日本語教育』6：185-200，国際交流基金日本語国際センター

今石幸子(1992)「電話の会話のストラテジー」『日本語学』1(9)：65-72，明治書院

林河運(2010)「日韓友人同士会話におけるポライトネス・ストラテジー―オーバーラップ発話に注目して―」『島根大学外国語教育センタージャーナル』5：43-59，島根大学外国語教育センター

林美善(2003)「電話会話の開始部における日韓対照研究―20代の友人同士の電話会話から―」，『言語文化と日本語教育』26：41-53，お茶の水女子大学日本言語文化学研究会

李涓丞(2017)「スマートフォンチャットの開始発話とその反応に関する日韓対照研究―構成要素と連鎖パターンを中心に―」『人間文化創成科学論叢』20：9-17，お茶の水女子大学大学院人間文化創成科学研究科

宇佐美まゆみ(1999)「談話の定量的分析―言語社会心理学的アプローチ―」『日本語学』18(11)：40-56，明治書院

宇佐美まゆみ・李恩美・鄭榮美・金銀美(2007)「基本的な文字化の原則(Basic Transcription system for Japanese: BTSJ)の韓国語への応用について」『談話研究と日本語教育の有機的統合のための基礎的研究とマルチメディア教材の試作』平成15-18年度科学研究費補助金基盤研究　B(2)研究成果報告書(課題番号　15320064)：48-82

宇佐美まゆみ(2015)「基本的な文字化の原則(Basic Transcription System for Japanese: BTSJ)2015年改訂版」
(http://ninjal-usamilab.info/pdf/btsj/btsj2015.pdf)

倉持益子(2008)「「お疲れさま」系あいさつの意味の希薄化と拡大―職場での使い方を中心に―」『明海日本語』13：65-74，明海大学日本語学会

ザトラウスキー・ポリー(1991)「会話分析における単位について―「話段」の提案」『日本語学』10(10)：79-96，明治書院

沢木幹栄・杉戸清樹(1999)「世界のあいさつ言葉の対照研究に向けて―あいさつ言葉への視点」『国文学　解釈と教材の研究』44(6)：126-138，學燈社

高木智世・細田由利・森田笑(2016)『会話分析の基礎』ひつじ書房

羅聖淑(2010)「「お疲れさまです」を巡って―日韓大大学生の挨拶言葉の対比より―」上野善道(監)『日本語研究の12章』16-31，明治書院

長谷川頼子(2001)「出会いの場面にみられるあいさつ語と実質的表現」『筑波応用言語学研究』8：71-84，筑波大学大学院博士課程文芸・言語研究科応用言語学コース

吉野文(1994)「電話の会話におけるかけ手と受け手の言語行動―開始部を中心として―」，『言語文化と日本語教育』7：1-13，お茶の水女子大学日本言語文化学研究会

金普仁(2007) '한・일 의례성 인사말의 사회언어학적 연구', "日本文化

學報"32 : 33-54, 한국일본문화학회
문금현(2008) '외국인을 위한 한국어 인사 표현의 교육 방안', "새국어 교육"80 : 199-226, 한국국어교육학회
박영순(2003) '한일양국인의 인사행동에 관한 사회언어학적 연구', 계명대학교대학원 박사논문
서정수(1998) '한국어, 일본어, 영어 및 중국어의 인사말 비교 연구', "비교한국어학"4 : 13-36, 국제비교한국학회
오카무라 카나(2014) '일본인 학습자를 위한 한국어 인사 화행 교육 연구', 서울대학교대학원 석사논문
오카무라 카나(2017) '의문형 인사 표현에 대한 한국어 모어 화자의 인식 및 응답 양상 연구', "사회언어학"25(1) : 143-165, 한국사회언어학회
Hahn, Jee-Won(2009) Greeting in Korean culture, 比較文化研究 13(2), pp.395-413
Hopper, R. (1992) *Telephone Conversation*, Indiana University Press
Levinson, S.C. (1983) *Pragmatics,* Cambridge University Press(安井稔・奥田夏子(訳)1990『英語語用論』研究社)
Schegloff, E. A. & Sacks, H. (1973) Opening up Closings, *Semiotica* 8, pp.289-327
Trudgill, P. (2000) *Sociolinguistics: An Introduction to language and society*, Penguin Books

【要旨】

対面会話開始部の日韓対照研究
—日常的・久しぶりに出会った場面において—

岡村 佳奈

본 연구는 대면대화(對面對話)에서 한국인과 일본인이 대화를 어떻게 시작하는지를 알아 보기 위해 대화 개시부(開始部)의 구조를 살피고 이와 동시에 그 속에 나타나는 한일 간의 유사점과 차이점을 밝히는 것을 목적으로 한다.

이를 위해 본 연구에서는 동일 연령 및 동일 성별의 일본인 쌍과 한국인 쌍을 대상으로 상황극 조사를 실시하고 이를 녹취하였다. 조사에서는 '일상적으로 만나는 장면'과 '오랜만에 만나는 장면'을 제시하여 각 장면에서 친한 동갑 친구 혹은 친하지 않은 동갑 친구와 만났다고 가정하여 대화를 하도록 하였다.

분석 결과, 한국어와 일본어의 개시부는 장면을 불문하고 '인식—인식' → '인사말—인사말' → '실질적 표현—응답'의 세 가지 인접쌍으로 구성되어 있는 것으로 나타났다. 그리고 특히 인사말의 정착도(定着度)와 정형성(定型性)의 정도가 개시부의 양상에 영향을 미치는 것으로 고찰하면서 다음과 같이 지적한다.

① 일본인은 어떤 상대에 대해서도 인사말을 생략하지 않았으며 특히 여성의 경우에는 높은 정형성을 보였지만 남성은 '일상적으로 만나는 장면'에서는 다채로운 인사말을 산출하였다. 반면, 한국인은 친한 상대에게는 인사말을 생략하는 경향이 강한 것으로 나타났다.
② 일본인의 경우, 제1화자와 제2화자가 인사말의 유형에 상관없이 동일하거나 유사한 발화형식을 되뇌어 말하는 빈도가 높았으나 한국인의 경우에는 '안녕類' 이외의 형식을 되뇌는 빈도가 적은 것으로 나타났다. 인사말 정착도의 차이로 인해 이러한 양상이 관찰되었을 가능성이 있겠다.
③ '인사말—인사말'의 제1성분과 제2성분이 서로 간에 또는 그 전후

의 발화와 겹치는 현상이 일본인 여성의 담화에서 다수 관찰되었다. 또한 일본인 남성과 한국인의 담화에서는 발화가 겹치는 빈도가 적었다. 인사말의 정형성이 높을수록 발화의 겹침이 증가할 것으로 추측된다.

그 외에도 '인식―인식'에 관해서는 일본인은 성별에 따라 선호하는 간투사(間投詞)가 다르나 한국인은 '어'형 간투사를 가장 많이 쓴다는 사실이 밝혀졌고 '실질적 표현―응답'에 관해서는 일본인, 한국인 양쪽 모두 동일한 유형의 표현을 많이 사용한다는 사실도 규명되었다.

【キーワード】対面会話、開始部、挨拶、定型性、定着度

朝鮮語研究会の記録

(1983年 第1回 ～ 2019年 第263回)

1983年 4月 発足
発起人：菅野裕臣，早川嘉春，志部昭平

会長　　1983.04～1990.11　菅野裕臣
　　　　1990.11～1992.08　志部昭平
　　　　1992.08～1997.12　菅野裕臣
　　　　1997.12～2004.04　野間秀樹
　　　　2004.05～2007.12　福井　玲
　　　　2008.01～2011.07　岸田文隆
　　　　2011.07～2015.03　伊藤英人
　　　　2015.03～2018.03　生越直樹
　　　　2018.04～　　　　五十嵐孔一

【書式】
第〇回　(月/日) 発表者（所属）
　　　　発表題目

1983年

第1回　(04/25) 塩田今日子（東京外国語大学大学院）
　　　　中期朝鮮語の語尾-거늘，-아/-어늘について
第2回　(05/30) 崔 応 九（北京大学副教授・東京外国語大学客員教授）
　　　　朝鮮語研究について
第3回　(06/30) 菅野裕臣（東京外国語大学教授）
　　　　中期朝鮮語のアクセント体系について
第4回　(07/14) 中村 完（東北大学教授）
　　　　東国正韻の再評価
第5回　(10/30) 早川嘉春（和光大学非常勤講師）
　　　　外国語教育技術
第6回　(11/28) 志部昭平（国立国語研究所主任研究官）
　　　　李朝刊経都監本諺解様式の確立と「蒙山和尚法語略録諺解」原刊本の成立について
第7回　(12/19) 崔 応 九（北京大学副教授・東京外国語大学客員教授）
　　　　朝鮮語文法について

1984年

第8回 (01/23) 朴 鵬 培（ソウル教育大学教授）
韓國開化期의 國語教育

第9回 (02/13) 崔 起 鎬（祥明女子大学校助教授）
訓民正音について

第10回 (03/12) 菅野裕臣（東京外国語大学教授）
北朝鮮の文法論とソ連言語学

第11回 (04/23) 南 豊 鉉（檀国大学校教授・東京外国語大学ＡＡ研究員）
新羅華嚴寫經造成記의 吏讀

第12回 (06/06) 金 東 俊（東京外国語大学非常勤講師）
現代 서울方言의 待遇法에 對하여

第13回 (07/09) Romuald Huszcza（ワルシャワ大学講師・東京外国語大学研究生）
朝鮮語と他の極東の言語における対義的要素から成る漢字語について

第14回 (10/15) 康 仁 善（東京外国語大学客員教授）
韓日語의 指示語一考察

第15回 (12/17) 野間秀樹（東京外国語大学学生）
＜씻다＞・＜빨다＞、＜洗う＞等에 對하여 ― 日本語와의 對照로 본 朝鮮語 動詞의 意味와 用法에 對한 考察

1985年

第16回 (02/18) 菅野裕臣（東京外国語大学教授）
梵字のハングル対音について

第17回
（ 中 止 ）

第18回 (07/22) 辻 星児（岡山大学助教授）
捷解新語の原刊本と改修本

第19回 (09/30) Romuald Huszcza（ワルシャワ大学講師・東京外国語大学研究生）
朝鮮語のテーマとレーマ ― 文の題述構造

第20回 (10/28) 伊藤英人（東京外国語大学学生）
韓国におけるテンス研究について

第21回 (--/--) 李 龍 植（中央民族学院・東京外国語大学研究生）
文體論의 學問的性格에 關하여

1986年

第22回 (01/27) 塩田今日子（都立北高校講師）
現代朝鮮語のアスペクト

第23回 (02/17) 菅野裕臣（東京外国語大学教授）
現代朝鮮語のムードの問題点について
第24回 (03/10) 康 仁 善（東京外国語大学客員教授）
「三国史記」地理志の一考察
第25回 (04/21) 志部昭平（千葉大学助教授）
訓民正音とその伝本についての覚え書き
第26回 (05/26) 伊藤英人（東京外国語大学大学院）
朝鮮語動詞の現在形の用法について
第27回 (06/30) 金 周 源（嶺南大学助教授・東京外国語大学客員教授）
慶尚道方言을 通해 본 韓國語音韻史의 一面
第28回 (07/--) 朴 宰 洙（朝鮮大学校教員）
朝鮮民主主義人民共和国における漢字使用の廃止について
第29回 (09/--) 徐 尚 揆（延世大学校大学院）
현대한국어의 부정문에 대하여
第30回 (10/27) 柴 公也
朝鮮語のボイスについて
第31回 (11/17) 野間秀樹（東京外国語大学学生）
찌의 研究について
第32回 (12/22) 浜之上 幸（東京外国語大学学生）
現代朝鮮語の名詞化接尾辞 ｛Ⅰ-기｝ と ｛Ⅱ-ㅁ｝ について

1987年

第33回 (02/16) 菅野裕臣（東京外国語大学教授）
現代朝鮮語ボイス研究の問題点
第34回 (04/18) 志部昭平（千葉大学助教授）
中期朝鮮語の処格
第35回 (05/26) 千村哲也（東京外国語大大学院）
現代朝鮮語の格語尾 ｛-로｝ について
第36回 (06/30) 野間秀樹（東京外国語大大学院）
＜하겠다＞の研究 — 現代朝鮮語の用言の mood 形式をめぐって
第37回 (07/14) Etsuko Obata Reiman（アリゾナ州立大学）
朝鮮の国字と日本の国字
第38回 (09/30) 工藤 浩（東京外国語大学講師）
日本語のモダリティーをめぐって
第39回 (10/27) 高橋太郎（国立国語研究所研究部長）
日本語のテンスをめぐって
第40回 (11/10) 宮島達夫（国立国語研究所研究部長）
単語の意味と文体的価値

第41回 (12/08) 金 周 源（嶺南大学校助教授・東京外国語大学客員教授）
　　　　訓民正音의 ＜舌縮＞에 對하여

1988年

第42回 (01/19) 成澤 勝（拓殖大学講師）
　　　　孟子諺解と朱子
第43回 (02/23) 金 英 培（東国大学校教授・筑波大学客員教授）
　　　　平安方言에 對하여
第44回 (03/23) 大林直樹（筑波大学講師）
　　　　朝鮮語の比較研究における母音対応の若干の問題点 ― 円唇母音の入り乱れた
　　　　対応
第45回 (04/09) 粟田厚司（東京外国語大学学生）
　　　　『老乞大』の中国語について
第46回 (05/31) 生越直樹（横浜国立大学助教授）
　　　　現代朝鮮語における使役接尾辞の関係について
第47回 (06/28) 福井 玲（東京大学助手）
　　　　中期朝鮮語の子音群について
第48回 (07/12) 川口義一（早稲田大学助教授）
　　　　日本語特殊音素の聴取と再生 ― 朝鮮語話者の場合
第49回 (09/20) 鄭 堤 文（順天大学校助教授・東京外国語大学客員教授）
　　　　「蒙學三書」의 몽골어 표기에 나타나는 5모음 제약에 대하여
第50回 (11/22) 菅野裕臣（東京外国語大学教授）・志部昭平（千葉大学助教授）
　　　　朝鮮語の辞書について
第51回 (12/06) 志部昭平（千葉大学助教授）
　　　　陰徳記高麗詞之事について ― 文禄慶長の役における仮名書き朝鮮語資料

1989年

第52回 (01/31)
　　1) 志部昭平（千葉大学助教授）
　　　　朝鮮語の重要語彙選定について
　　2) 菅野裕臣（東京外国語大学教授）
　　　　朝鮮語辞書の変遷について
第53回 (04/18) 徐 尚 揆（東京外国語大学助手）
　　　　時間副詞 「이제」에 대한 研究
第54回 (05/16) 伊藤英人（神田外語大学教務補佐員）

第55回 (06/20) 工藤真由美（横浜国立大学助教授）
現代朝鮮語の過去テンス形式「헜다」形の用法について
第56回 (07/18) 野間秀樹（神田外語大学非常勤講師）・伊藤英人（神田外語大学教務補佐員）
現代日本語動詞の「パーフェクト」をめぐって
朝鮮語の教科書・学習書について ― 『길 朝鮮語への道』と『朝鮮語の本』の場合を中心に
第57回 (09/19) 鈴木重幸（横浜国立大学教授）
日本語の動詞の活用について
第58回 (10/17) 森田芳夫
開化期・日本統治期における日本語教育と朝鮮語
第59回 (11/21) 中沢英彦（東京外国語大学助教授）
最近のロシア語における体の研究について
第60回 (12/18) 朴 良 圭（東京外国語大学客員教授）
세 부류의 有標的 複合動詞들

1990年

第61回 (01/23) 福井 玲（明海大学講師）
杜詩諺解初刊本について
第62回 (02/20) 古屋昭広（早稲田大学助教授）
明代の官話について
第63回 (03/20) 浜之上 幸（東京外国語大学大学院）
現代朝鮮語のアスペクト ― 動詞分類を中心にして
第64回 (04/17) 姜 炫 和（東京外国語大学研究生）
국어 숙어 표현에 대한 고찰
第65回 (05/22) 温品廉三（東京外国語大学助手）
現代モンゴル語のアスペクト
第66回 (06/19) 在間 進（東京外国語大学教授）
動詞の意味特徴と文の「生成規則」―「行為性・結果性」
第67回 (07/10) 李 光 鎬（神田外語大学教授）
훈민정음 "신체28자"의 성격에 대한 연구
第68回 (09/18) 任 洪 彬（ソウル大学校副教授）
韓國語의 疑問과 疑問詞 ― "무슨"과 "어떤" 疑問을 中心으로
第69回 (10/16) 濱中 昇（神田外語大学教授）
新羅・高麗の古文書について
第70回 (11/20) 志部昭平（千葉大学助教授）
原刊本三綱行実について
第71回 (12/11) 李 成 市（早稲田大学非常勤講師）

近年出土の新羅の金石文について ― 蔚珍鳳坪碑・迎日冷水碑を中心に

1991年

第72回 (01/22) 成澤 勝（神田外語大学助教授）
郭巨伝説における朝鮮的解釈「得釜」について
第73回 (02/19) 成 百 仁（ソウル大学校教授）
만주어 음운사 연구의 몇 가지 문제
第74回 (03/19) 生越直樹（横浜国立大学助教授）
韓国人日本語学習者のテンス・アスペクトに関する誤用について
第75回 (04/23) 田代和生（慶応義塾大学教授）
対馬藩の朝鮮語通詞の養成について
第76回 (05/21) 門脇誠一（北海道東海大学教授）
（中止）朝鮮語における하다用言の否定形のゆれについて
第77回 (06/18) 遠藤光暁（青山学院大学助教授）
『翻訳老乞大・朴通事』の中朝対音について
第78回 (07/09) 松原孝俊（神田外語大学助教授）
朝鮮昔話を読む ― 昔話研究と言語学の接点
第79回 (09/17) 油谷幸利（富山大学助教授）
イメージスキャナによるハングルの自動認識 ― 『採字帳』を用いて
第80回 (10/15) 徐 鍾 學（嶺南大学校副教授・神田外語大学助教授）
吏讀의 助詞에 대하여
第81回 (11/19) 菅野裕臣（東京外国語大学教授）
言語資料としての『海東諸国紀』
第82回 (12/03) 姜 信 沆（成均館大学校教授）
現代韓國語의 語彙

1992年

第83回 (01/21) 藤本幸夫（富山大学教授）
朝鮮の訓讀に就いて
第84回 (02/04) 呉 承 信（東京外国語大学研究生）
현대 한국어의 用言接尾辞 {-더}에 대한 연구
第85回 (04/21) 趙 義 成（東京外国語大学大学院）
現代朝鮮語의 処格語尾-에서について
第86回 (05/19) 門脇誠一（北海道東海大学教授）
朝鮮語における하다用言の否定形のゆれについて
第87回 (06/16) 菅野裕臣（東京外国語大学教授）
アヴァネソフ理論にてらしあわせてみた朝鮮語音韻論

第88回 (07/07) 高 榮 珍（東京外国語大学研究生）
　　　　제주도 방언의 간접인용문에 대하여 ─ 인용사와 내포문 어미 및 그 축약 현상
第89回 (09/22) 多和田眞一郎（広島大学）
　　　　ハングル資料沖縄語（十九世紀初）
第90回 (10/27) 野間秀樹（東京外国語大学講師）
　　　　現代朝鮮語の対格語尾-를/-을の統辞論
第91回 (11/17) 金 東 俊（神田外語大学教授）
　　　　延辺地区の言語事情
第92回 (12/08) 趙 義 成（東京外国語大学大学院）
　　　　現代朝鮮語のエソ格について

1993年

第93回 (01/19) 南 星 佑（神田外語大学教授）
　　　　月印釋譜 第十三과 法華經諺解의 對比研究
第94回 (02/16) 安 慶 華（東京外国語大学客員助教授）
　　　　인용구문에서의 '-고', '-라고', '하고'에 대하여
第95回 (03/23) 菅野裕臣（東京外国語大学教授）
　　　　朝鮮語単語結合辞典作製のために ─ ロシア語連語論の場合を参考に
第96回 (05/18) 權 在 淑（東京外国語大学非常勤講師）
　　　　現代朝鮮語の用言の接続形Ⅱ-니까とⅢ-서について
第97回 (06/15) ─ 最近刊行された辞書について（1）
　1) 徐 尚 揆（東京外国語大学助手）
　　　派生語・合成語의 올림 처리 및 형태소 ─ 경계표시를 중심으로
　2) 浜之上 幸（神田外語大学講師）
　　　変化形見出しと同形異語
　3) 趙 義 成（東京外国語大学教務補佐員）・陳満理子（東京外国語大学大学院）
　　　各辞書の発音表記について
第98回 (07/06) ─ 最近刊行された辞書について（2）
　1) 伊藤英人（東京外国語大学助手）
　　　國語辭典의 語源表示에 대하여
　2) 生越直樹（国立国語研究所）
　　　語義と語源（対訳辞書）
　3) 野間秀樹（東京外国語大学講師）
　　　用例・単語結合をめぐって
第99・100回 記念大会 (09/25)
　1) 伊藤英人（東京外国語大学助手）
　　　中期朝鮮語用言終止形ᄒᆞᄂᆞ다とᄒᆞ다について ─ 三綱行實圖諺解の用例分析
　2) 徐 尚 揆（筑波大学講師）

현대한국어의 시늉말의 문법적 기능에 대한 연구 — 풀이말과의 결합관계를 중심으로
　3) 野間秀樹（東京外国語大学講師）・浜之上 幸（神田外語大学講師）
　　　故志部昭平博士の業績について
第101回（10/19）金 星 奎（慶応大学訪問講師）
　　　16세기 성조의 한 측면
第102回（11/16）李 丞 宰（神田外語大学助教授）
　　　高麗本 華嚴經의 口訣字에 대하여
第103回（12/07）高 東 昊（東京外国語大学研究生）
　　　濟州方言의 音節末子音群의 變化

1994年

第104回（01/18）菅野裕臣（東京外国語大学教授）
　　　ハングルと正書法
第105回（02/15）申 昌 淳（東京外国語大学客員教授）
　　　朝鮮總督府 諺文綴字法에 대하여
第106回（03/15）チューネル・ミハイロヴィッチ・タクサミ（ロシア科学アカデミー民族学研究所 ペテルブルグ支部シベリア部長）
　　　ロシアにおけるシベリア研究の現状について
第107回（05/17）バーナード・コムリー（南カリフォルニア大学教授・ＡＡ研究員研究員）
　　　独立国家共同体（旧ソ連）における言語状況
第108回（06/21）内山政春（東京外国語大学大学院）
　　　朝鮮語の教育基本語彙について
第109回（07/05）浜之上 幸（神田外語大学講師）
　　　接語論および機能文法の観点から見た"-이다"
第110回（09/20）成澤 勝（東北大学助教授）
　　　杜詩諺解の解釈史面からの再検討（試論）— 格語尾/i/を中心に
第111回（10/18）菅野裕臣（東京外国語大学教授）
　　　文法と語彙について — 日本語の場合
第112回（11/15）成 煥 甲（韓国中央大学教授・神田外語大学客員教授）
　　　韓國語史의 對照的인 變化方向에 對하여
第113回（12/06）早津恵美子（東京外国語大学助教授）
　　　現代日本語の他動詞と自動詞をめぐって

1995年

第114回（01/17）趙 義 成（東京外国語大学教務補佐員）
　　　単語結合論から見た現代朝鮮語の-에格

第115回 (02/07) 李 浩 權 (東京外国語大学客員助教授)
　　中世國語 文法書의 品詞分類
第116回 (04/11) 趙 東 一 (ソウル大学教授・東京大学客員教授)
　　문학사 시대구분을 위한 고대서사시의 검증
第117回 (05/16) 陳満理子 (東京外国語大学教務補佐員)
　　現代朝鮮語の-로格について
第118回 (06/20) 兪 弼 在 (慶應義塾大学訪問講師)
　　周時經의 文章符號와 文法單位
第119回 (07/11) 徐 華 珍 (ソウル大学博士課程・東京大学研究生)
　　한국어의 주제(Topic)에 관한 기능문법적 분석
第120回 (09/26) 陳 南 澤 (ソウル大学言語学科大学院博士課程)
　　한국어 리듬의 시간적 특성에 관하여
第121回 (10/17) 佐々木惣平 (東京大学大学院)
　　現代朝鮮語の接続語尾-GOと-ESEについて
第122回 (11/14) 伊藤英人 (東京外国語大学綜合文化講座助手)
　　中期朝鮮語の正音表記の漢字語及び漢語借用語について ― 声調を中心に
第123回 (12/12) 井上 優 (国立国語研究所研究員)・生越直樹 (国立国語研究所室長)
　　過去形の使用に関わる語用論的要因 ― 日本語と朝鮮語の場合

1996年

第124回 (01/23) 愼 鏞 權 (東京外国語大学研究生)
　　≪漢淸文鑑≫의 漢語音 表記에 대하여 ― ≪朴通事新釋諺解≫ 와의 비교를 중심으로
第125回 (02/―) 延 圭 東 (東京外国語大学研究生)
　　근대한국어의 한자음에 대하여
第126回 (03/26) 五十嵐孔一 (東京外国語大学学生)
　　「原因・理由」を表わす接続形 '-(아/어)서'と'-(으)니까'について ― 従属節の包含構造を中心にして
第127回 (05/21) 村田 寛 (東京外国語大学学生)
　　헀다形の研究
第128回 (06/11) 鄭 玄 淑 (横浜国立大学非常勤講師)
　　現代朝鮮語の接続形하고について<1>
第129回 (―/―) 内山政春 (東京外国語大学大学院)
　　現代韓國語의 合成用言―「用言第Ⅲ語基+用言」―에 對하여
第130回 (09/17) 韓 南 洙
　　現代朝鮮語の複合語における〔n〕音挿入について
第131回 (10/22) 大津 専 (東京外国語大学大学院)
　　現代朝鮮語の条件を表す形式について

第132回 (11/19) 菅野裕臣（東京外国語大学教授）
　　　　ロシア言語学事情

1997年

第133回 (01/21) 鄭　光（高麗大学校文科大学）
　　　　朝鮮朝司訳院の日本語教育と評価 ― 訳科倭学試験を中心として
第134回 (02/18) 崔　明　玉（ソウル大学教授・東京大学客員教授）
　　　　16世紀 韓國語의 尊卑法再考― ≪清州 北一面 順天金氏墓 出土簡札≫資料를 중심으로
第135回 (03/18) 李　栽　賢（東京外国語大学研究生）
　　　　한국어 준말의 문법 (1) ― 준말과 유형에 대하여
第136回 (05/06) エミーロヴァ・アディレ・メメドヴナ（ウクライナ共和国・クリミア共和国アカデミー正会員，フィロロジー博士，シンフェローポリ国立大学哲学部ロシア語講座教授）
　　　　ソヴィエト後ウクライナにおける言語状況
第137回 (06/17) 鄭　恩　禎（東京大学大学院）
　　　　어두자음 식별에 피치 패턴이 끼치는 영향
第138回 (09/30) 野間秀樹（東京外国語大学）
　　　　韓国報告及びいくつかの発表論文について ― 文の構造，冠形節，待遇法等をめぐって
第139回 (10/14) 福井　玲（東京大学）
　　　　全羅南道光陽市方言のアクセント体系とその分布について
第140回 (11/18) アルパートフ・ヴラジーミル・ミハイロヴィチ（ロシア科学アカデミー東洋学研究所副所長）
　　　　ソ連とロシアの言語学及び日本語学
第141回 (12/02) 村田　寛（東京外国語大学大学院）
　　　　現代朝鮮語のムード形式の研究 ― ＜連体形＋것 같다＞をめぐって

1998年

第142回 (01/13) 李　南　淳（弘益大学校教授・神田外語大学客員教授）
　　　　문학과 언어 ―「남사당」의 문법
第143回 (02/17) 五十嵐孔一（東京外国語大学大学院）
　　　　現代朝鮮語の用言接続形＜-느라(고)＞について ―「タクシス」と「図と地」の観点から
第144回 (03/31) 浜之上　幸（神田外語大学助教授）
　　　　現代朝鮮語の形態論的範疇について ― ヤーコブソン、メルチュークのモデル

の観点から
第145回 （05/19） 朴 宗 姫 （東京大学大学院博士課程）
韓国釜山方言のアクセント研究
第146回 （06/16） 韓 在 永 （東京外国語大学客員教授）
16世紀国語の待遇体系について
第147回 （07/07） 曹 廷 換 （東京大学大学院博士課程）
朝鮮語昌寧方言のアクセントの体系化 ― 単独名詞の場合
第148回 （10/27） 中島 仁 （東京外国語大学大学院博士前期課程）
現代朝鮮語の連体形語尾-ㄴについて
第149・150回記念大会 （11/07-08）
1) 加藤ゆみ （東京外国語大学 外国語学部生）
現代朝鮮語の接続形＜-더니＞について
2) 宋 美 玲 （東京外国語大学研究者・韓国外国語大学非常勤講師）
現代日本語と現代韓国語における時間表現の対照研究 ―「過去の事象」における話者の時間解釈を中心に
3) 安 平 鎬 （筑波大学）
韓国語におけるいわゆる「擬似受動文」をめぐって ―「-있-」形による表現を中心に
4) 辻 星児 （岡山大学）
「二中歴」,「世俗字類抄」所引の朝鮮語数詞について
5) 鷲尾龍一 （筑波大学）
使動法論議再考
6) 柴 公也 （熊本学園大学）
予感の-느라고について
7) Romuald Huszcza （ワルシャワ大学）
韓国語と外国語との接触について ― 共時言語学の立場から
8) 村田 寛 （慶熙大学国際教育院韓国語課程）
現代朝鮮語の＜-ㄹ＞連体形について
9) 伊藤智ゆき （東京大学大学院修士課程）
中期朝鮮語における漢字語のアクセント体系について
10) 尹 亭 仁 （東京大学大学院博士課程）
日本語と韓国語の使役表現 ― 被使役者の意味役割と結果含意を中心に
11) 伊藤 英人 （東京外国語大学）
『華語類抄』에 대하여
12) 福井 玲 （東京大学）
全南求禮郡のアクセントについて ― 中間報告
13) 韓 在 永 （東京外国語大学）
'었더'고

14) 生越直樹（東京大学）
　　主語なしの「形容詞＋名詞」構文をめぐって ― 日本語と朝鮮語との対照
15) 菅野裕臣（神田外語大学）
　　分析的な形についての予備的考察
16) 鄭　玄　淑（神田外語大学・横浜国立大学非常勤講師）
　　現代朝鮮語の接続形Ⅰ-고とⅢ-서について
第151回（12/12）Robert Ramsey（メリーランド大学教授）
　　The syllable in some Korean prosodic systems

1999年

第152回（01/26）李　連　珠（東京大学人文社会系大学院　言語学専門分野　修士課程）
　　大邱方言の複合名詞のアクセント
第153回（02/23）風間伸次郎（東京外国語大学講師）
　　他言語との対照的観点からみたツングース諸語の諸特性について
第154回（03/23）浜之上　幸（神田外語大学助教授）
　　現代朝鮮語の目撃法語尾"Ⅰ-더라"雑考
第155回（05/18）韓　栄　均（蔚山大学教授・東京外国語大学外国人研究者）
　　말뭉치과 컴퓨터를 이용한 한국어 연구의 현황
第156回（06/16）朴　素　英（東京外国語大学研究生・ソウル大学校博士課程）
　　한국어 문장의 계층구조와 부사
第157回（07/13）李　恩　炅（東京外国語大学研究生・延世大学校修士課程）
　　한국어에서 명사류가 조사를 수반하지 않고 나타나는 환경에 대하여
第158回（09/21）安　平　鎬（筑波大学文芸・言語学系助手）
　　現代韓国語の-었-形による現在の状態を表す場合の条件と理由をめぐって
第159回（10/19）高　東　昊（東京外国語大学客員助教授）
　　≪漢清文鑑≫ '一云' 만주어 어구의 통시음운론적 특징
第160回（11/30）岸田文隆（大阪外国語大学助教授）
　　アストン旧蔵江戸期・明治初期朝鮮語学書写本類調査報告
第161回（12/21）朴　基　永（慶應義塾大学訪問講師）
　　≪明治字典≫의 한국어 표기에 대하여 ― 가타카나 전사표기를 중심으로

2000年

第162回（01/21）宋　美　玲（東京外国語大学研究者）
　　日韓両言語における時間表現の対照研究 ―「非過去の事象」に対する時間解釈を中心に
第163回（02/23）南　潤　珍（神田外語大学専任講師）
　　한자어 접사의 분포양상과 목록작성

第164回 (03/15) 朴 素 英（ソウル大学言語学科博士課程・東京外国語大学国費留学生）
　　　한국어 문장의 계층구조와 양태의 접속형 '하고'에 대하여
第165回 (04/25) 鄭 玄 淑（東京外国語大学非常勤講師）
　　　하고, 해서と動詞とアスペクト的特徴との関連性 — アスペクト形式による用言分類と関連して
第166回 (05/29) 伊藤智ゆき（東京大学大学院博士課程）
　　　六祖法宝壇経諺解のアクセントと漢字音
第167回 (06/20) 이현복（ソウル大学教授・大韓音声学会会長・ハングル学会副会長）
　　　◆記念講演◆ 한국어 표기를 위한 음성 청취 판단과 발음 검사
第168回 (07/18) 伊藤英人（東京外国語大学）
　　　『御書見聞 安国論私抄』所載の朝鮮語について
第169回 (09/26) 鄭 玄 淑（東京外国語大学・神田外語大学非常勤講師）
　　　現代朝鮮語の接続形Ⅱ-면서について — アスペクト形式による用言分類を通して
第170回 (10/24) 宋 喆 儀（ソウル大学校教授・東京大学客員教授）
　　　용언어간 '있-'의 통시적 발달에 대하여
第171回 (11/28) 趙 義 成（県立新潟女子短期大学）
　　　共和国の単語結合論と旧ソ連の単語結合論 — 60年文法を中心に
第172回 (12/19) 福井 玲（東京大学）
　　　翻譯小學と小學諺解の書誌学的考察 — 傍点を中心に

2001年

第173回 (01/23) 奉 美 慶（東京外国語大学大学院研究生・延世大学校大学院）
　　　補助用言'가다, 나가다'について
第174回 (02/20) 黄 淵 新（東京外国語大学大学院交換留学生・ソウル大学修士課程）
　　　한국어 악센트의 실험음성학적 연구 — 2음절어, 고유어를 중심으로
第175回 (03/13) 中西恭子（東京外国語大学大学院博士前期課程）
　　　現代朝鮮語の連体形語尾-는について — -ㄹとの使い分けという観点から
第176回 (05/一) 中島 仁（東京外国語大学大学院博士後期課程）
　　　中期朝鮮語の"-오/우-"について — 連体形の場合
第177回 (06/19) 中村麻結（大阪外国語大学大学院博士後期課程）
　　　状態表現の-었-
第178回 (07/17) 金 玄（慶應義塾大学 訪問講師）・朴 基 永（慶應義塾大学非常勤講師）
　　　일본어 화자의 한국어 자음의 발음에 대하여
第179回 (09/18) 李 弘 植（東京外国語大学客員助教授）
　　　교착소의 설정에 관한 몇 가지 문제
第180回 (10/08) **朝鮮語教育研究会との合同研究会**
　研究発表
　　1) 長谷川由紀子（九州産業大学）・李 秀 炅（立命館アジア太平洋大学）

韓国朝鮮語教科書の語彙調査
　　2）金　珍　娥（東京外国語大学博士課程）
　　　日本語と韓国語における談話ストラテジーとしてのスピーチレベルシフト
パネルディスカッション　「韓国朝鮮語教育の問題点」
　　　司会：波田野節子（県立新潟女子短期大学）
　　　パネラー(50音順)：岸田文隆（大阪外国語大学），野間秀樹（東京外国語大学），
　　　朴　宰　秀（朝鮮大学校），油谷幸利（同志社大学）
第181回（11/27）岸田文隆（大阪外国語大学）
　　　『漂民対話』の朝鮮語 ― 日本語の干渉の観点から
第182回（12/25）須賀井義教（東京外国語大学博士前期課程）
　　　中期朝鮮語における対格語尾のない体言の出現環境について ― 釈譜詳節を中心に

2002年

第183回（01/22）金　秀　鉉（梨花女子大学校博士課程修了・東京外国語大学博士課程研究生）
　　　현대 한국어의 표기법 연구 ― 외래어 표기와 로마자 표기를 중심으로
第184回（03/09）小西敏夫（大阪外国語大学）
　　　言語表現を通して見た釈譜詳節と月印千江之曲の関係
第185回（03/19）
　　1）張　京　姫（東海大学客員教授・漢陽大学校教授）
　　　국어의 지시 화행에 대한 응대 수행의 방법
　　2）卞　賢　兒（東京外国語大学大学院研究生・ソウル大学校博士課程）
　　　한국어 특수조사 '-도'의 분포와 의미
第186回（05/25）蔡　炫　植（大阪外国語大学）
　　　형태론에서의 논항 충족과 논항 전수
第187回（06/22）南　潤　珍（神田外語大学）
　　　현대 한국어 조사 '은/는'의 분포와 기능
第188回（07/28）金　珍　娥（東京外国語大学大学院博士後期課程）
　　　日本語と韓国語における談話構造―"turn-taking システム"から"turn-exchanging システム"へ
第189回（09/21）印　省　熙（お茶の水女子大学博士後期課程）
　　　日本語の「のだ」と韓国語の [-n geosida] の対照研究
第190回（10/19）任　洪　彬（ソウル大学校教授・東京大学客員教授）
　　　◆特別講演◆ 사구조와 격에 관한 몇 가지 문제
第191回（11/18）尹　容　善（広島県立女子大学助教授）
　　　중기 조선어의 계사(繫辭)구문
第192回（12/21）生越直樹（東京大学助教授）
　　　在日コリアンの言語使用状況とその推移―アンケート調査の結果から

166

2003年

第193回（01/11）中島 仁（東京外国語大学大学院博士後期課程・ソウル大学校博士課程）
隣語大方의 朝鮮語
第194回（02/15）孫 熙 河（全南大学校教授）
새김(訓)어 연구에 대하여
第195回（03/08）伊藤英人（東京外国語大学助教授）
韓國語專攻 敎育에 있어서의 韓國漢字音 敎育의 試圖와 그 問題點
第196回（05/17）片 茂 鎭（檀国大学校教授）
苗代川本 "交隣須知"의 수정, 가필 부분에 대하여
第197回（06/21）李 相 揆（慶北大学校教授）
한일 언어지도 제작의 현황과 과제
第198回（07/05）睦 正 洙（ソウル大学校人文学研究院）
한국어학의 제문제와 한국어학의 주체성 정립
第199・200回（09/20-21）**第200回記念国際学術大会**
　◆記念講演◆ 南 基 心（国立国語研究院院長）
　　언어의 관용적, 화용론적 관섭과 문법
　1) 李 文 淑（東京大学大学院博士課程）
　　全州方言における音調の問題
　2) 高 東 昊（全北大学校助教授）
　　'이-'계 조사의 '이'탈락 경향의 역사적 연구
　3) 伊藤英人（東京外国語大学助教授）
　　講経と読経 ― 正音と読誦を巡って
　4) 李 賢 熙（ソウル大学校教授）
　　中世韓國語의 한두 文章構造
　5) 村田 寬（九州大学専任講師）
　　中世 韓國語의 <ᄒᆞ다>形에 대하여 ― 釋譜詳節을 材料로 하여
　6) 宇都木 昭（筑波大学大学院博士課程）
　　朝鮮語ソウル方言におけるフォーカス発話と中立発話のピッチパターン ― 修飾語＋被修飾語の構造の場合
　7) 宋 喆 儀（ソウル大学校教授）
　　'ㅎ'變則과 '어'變則에 관련된 몇 가지 문제
　8) 權 在 一（ソウル大学校教授）
　　구어 한국어의 서술문 실현방법
　9) 金 亨 貞（延世大学校言語情報研究院研究員）
　　한국어 구어 말뭉치의 구축과 활용
　10) 崔 正 洵（西江大学校教授）
　　교포 청소년을 위한 웹기반 한국어 교육 자료 개발의 실제
　11) 張 維 眞（延世大学校言語情報研究院研究員）

외국인을 위한 학습자 사전의 문법화 어휘 처리
　12) 金 珍 娥（東京外国語大学非常勤講師）
　　　韓国語と日本語の文，発話単位，turn ― 談話分析の文字化システムによせて
　13) 林　　田（東京外国語大学大学院博士前期課程）
　　　韓国語の他動受身文 ― 日本語の持主の受身文に照らして
　14) 中西恭子（ソウル大学校大学院博士課程）
　　　현대한국어의 '이다' 구문에 대하여
　15) 徐 尚 揆（延世大学校教授）
　　　한국어 교육 기본 어휘와 학습 사전
第201回 (11/22)
　1) 李 泓 馥（東京大学大学院生）
　　　韓国語先語末語尾の「活用」試案
　2) 金 秀 晶（九州大学大学院 外国人教師）
　　　한국어 학습자를 위한 텍스트 기반 연결어미 교육에 대하여
第202回 (12/14) 張 美 仙（東京学芸大学大学院）
　　　現代朝鮮語の「한다」と「하고 있다」について ― テンス・文の形態・動詞の種類の観点から

2004年

第203回 (01/25) 孫 禎 慧（東京外国語大学大学院生）
　　　日本語を母語とする韓国語学習者の誤用分析 ― 해서と하고を中心に
第204回 (02/―) 權 斗 煥（ソウル大学教授・東京大学客員教授）
　　　　　　　　福井 玲（東京大学助教授）
　　　小倉文庫本『酉年工夫』について ― 語学・文学上の特徴を中心に
第205回 (03/27) 邊 姫 京（東京外国語大学大学院研究生）
　　　日本語と韓国語における母音の無声化現象
第206回 (07/17)
　1) 金 倉 燮（ソウル大学教授・東京大学客員教授）
　　　한국어 합성 명사의 조어론을 위하여
　2) 福井 玲（東京大学助教授）
　　　小倉文庫本『酉年工夫』の語学的特徴（その２）
第207回 (10/30)
　1) 池 鳳 花（東京外国語大学大学院博士前期課程）
　　　延辺朝鮮語における漢語音借語の語音特徴とアクセントパターンについて
　2) 車 香 春（東京大学大学院博士課程）
　　　延辺朝鮮語龍井方言のアクセント
第208回 (12/04)
　1) 林　　田（東京外国語大学大学院博士前期課程）

拡大自動受身文［X-ka Y-ekey Z-ka 受身動詞］と他動受身文　［X-ka Y-ekey Z-lul 受身動詞］
2) 李 安 九（京都大学大学院博士課程）
'받다','당하다'와 결합하는 한자 어근에 대하여
3) 朴 眞 完（京都大学大学院博士課程）
朝鮮資料와 日本資料의 口訣 연구 ― 兩足院所藏本을 추가하여

2005年

第209回（02/19）
1) 奈良林 愛（東京大学大学院修士課程）
近代朝鮮語音韻資料としての『交隣須知』― 京大本の朱筆書き入れを読む
2) 姜 英 淑（東京大学大学院博士課程）
慶尚南道咸安・宜寧方言のアクセント体系について ― 中間報告
3) 閔 庚 模（東京外国語大学研究生，延世大学校大学院博士課程）
한국어 지시어 '이, 그, 저'의 사용 양상에 대하여 ― 한국어 원어텍스트와 영어에서 한국어로 번역된 텍스트의 비교를 중심으로

第210回（07/09-10）**韓国二重言語学会，韓国語教育研究会と共催の国際学術大会**
『日本における韓国語教育と二重言語教育』
（プログラムの詳細については、次のサイトをご参照ください。
http://www.justmystage.com/home/kenkyukai/kakokiroku.html#2010

第211回（10/15）宮瀬 誠（東京大学大学院博士課程）
朝鮮語祖語の名詞アクセント

第212回（12/26）
1) 邊 姫 京（東京大学大学院博士課程）
韓国語音声からみた日本語音声 ― 音声教育の立場から
2) 野間秀樹（東京外国語大学教授）
現代朝鮮語の丁寧化のマーカー"-yo/-iyo"について

2006年

第213回（02/04）
1) 金 善 孝（大阪外国語大学客員教授）
한국어 부사 체계상의 몇 가지 논의
2) 崔 明 玉（ソウル大学校教授・東京大学客員教授）
韓国語의 共時形態論 ― 語幹과 語尾의 形態素 設定을 中心으로

第214回（03/18）
1) 宇都木 昭（茨城大学非常勤講師）

朝鮮語ソウル方言における韻律構造とピッチパターン ― アクセント句のディフレージングと半独立型連結を中心に
2) 奈良林 愛（東京大学大学院修士課程）
'-짔-'의 문법화 과정
3) 岸田文隆（大阪外国語大学助教授）
早稲田大学服部文庫所蔵の「朝鮮語訳」について ―「隣語大方」との比較

第215回（07/01）
1) 松岡雄太（九州大学大学院博士課程）
満州語文語のアスペクト ― 司訳院清学書を中心に
2) 金 亨 貞（熊本学園大学非常勤講師）
韓国語における＜와＞格補足語の分布及び特性

第216回（10/09）**朝鮮語教育研究会との合同研究会**
1) 五十嵐孔一（東京外国語大学）
'-나마'について
2) 李 秀 炅, 長谷川由起子
韓国語初級教材の語彙調査 ― 教科書15種に現れた語彙的学習項目
3) 村田 寬, 内山政春, 阪堂千津子
合評会：「外国人のための韓国語文法」
4) 李 炳 圭（国立国語院学芸研究士）
招待講演会：「外国人のための韓国語文法」について

2007年

第217回（02/17）
1) 油谷幸利（同志社大学教授）
朝鮮語Web辞典の設計について
2) 李 賢 熙（ソウル大学校教授・東京大学客員教授）
'멀리서'의 통시적 문법
3) 中野友理（北海道大学大学院博士後期課程）
情報領域から見た'할 것이다'と'하겠다'の違い
4) 金 智 賢（東京大学大学院博士課程）
現代韓国語の無助詞について

第218回（05/19）
1) 丁 仁 京（麗澤大学大学院博士後期課程）
韓国語の「것이다」に由来する諸形式の意味と機能の分析
2) 金 鍾 德（東京外国語大学客員教授）
한국어의 운소 연구 ― 실험음성학적인 방법을 통한 질적이고 양적인 연구

第219回（07/21）関 庚 模（慶応義塾大学講師, 延世大学校大学院博士課程）
지시관형사의 조응에 대하여

第220回 (11/17)
  1) 福井 玲（東京大学准教授）
    致和平譜と声調の関係について
  2) 韓 京 娥（東京大学大学院博士博士課程）
    日本語と韓国語の補助動詞に関する考察 ―「～てあげる・くれる」,「-아/어 주다」と「～ていく」,「-아/어 가다」を中心に
  3) 李 安 九（松山大学外国人特別任用講師）
    '당하다'에 대한 통시적 고찰

2008年

第221回 (01/12)
  1) 岸田文隆（大阪大学教授）
    「朝鮮語訳」の朝鮮語かな表記について
  2) 鄭 丞 惠（水原女子大学副教授）
    韓日 兩國에서의 二重言語教育의 歷史에 대하여
第222回 (03/22)
  1) 杉山 豊（東京外国語大学大学院博士前期課程）
    初刊本『分類杜工部詩諺解』の傍点表記に反映されたいくつかの言語現象
  2) 辻野裕紀（東京大学大学院修士課程）
    韓国語大邱方言における名詞のアクセントについて

2009年

第223回 (01/10)
  1) 植田晃次（大阪大学准教授）
    朝鮮語研究会*とその活動　(*朝鮮語研究会＝李完応会長)
  2) 矢野謙一（熊本学園大学教授）
    高麗期の漢字表記資料からみた朝鮮語の子音
第224回 (10/24)
  1) 朴 真 完（京都産業大学助教）
    사쓰마한(薩摩藩) 朝鮮通詞의 日本語学習 ―〈対談秘密手鑑〉을 中心으로
  2) 岸田文隆（大阪大学教授）
    「全一道人」および「朝鮮語訳」の朝鮮語かな表記についての一考察 ― 語頭複子音について

2010年

第225回 (03/26) 金 美 仙（松山大学経済学部講師）

日本語のシテイルに対応する韓国語のアスペクト的な形式
第226回（09/18）嚴 美 鈴（大阪大学大学院人間科学研究科大学院生）
　　　日本語・韓国語における謝罪機能の分析—テレビドラマ・映画シナリオを中心に—

2011年

第227回（06/04）
　1）韓 必 南（東京外国語大学大学院博士課程）
　　　韓国語の存在詞있다による構文の分類
　2）全 恵 子（東京大学大学院博士課程）
　　　現代韓国語の先語末語尾겠の疑問形における機能と特徴

第228回（07/02）
　1）金　民（東京外国語大学大学院博士課程）
　　　現代朝鮮語の動詞の連体形と被修飾名詞に関する研究 —'할'形と出現頻度が高い名詞
　2）池 鳳 花（東京藝術大学非常勤講師）
　　　延辺朝鮮語用言複合体のアクセント
　3）文 彰 鶴（神奈川大学助教）
　　　現代韓国語の終結語尾네と군について
　4）新井保裕（東京大学大学院博士課程・日本学術振興会特別研究員）
　　　携帯メール言語使用要因の日韓対照分析—謝罪場面を対象に—

第229回（12/10）
　1）杉山 豊（ソウル大学校大学院博士課程・東京外国語大学大学院博士課程）
　　　『仏頂心経』及び『霊験略抄』の諺解者に関する問題
　2）岡村由美子（東京外国語大学大学院博士課程）
　　　現代韓国語の〈依存名詞構成〉に関する研究 — 用言①＋連体形語尾＋依存名詞＋用言②の構造を中心に
　3）金 美 仙（松山大学講師）
　　　일본어의「〜と／って＋인용동사」구문의 한국어 대응 관계

2012年

第230回（02/11）
　1）ソン・ミナ（東京外国語大学大学院博士前期課程）
　　　韓国語と日本語における補助動詞'놓다'、'두다'と「おく」の対照研究
　2）ジ・ミンギョン（東京大学大学院博士後期課程）
　　　現代韓国語の接続助詞는데について

3）山﨑亜希子（東京外国語大学大学院博士前期課程）
　　朝鮮語ソウル方言における単語単独形の語頭子音判別の手がかり

第231回（04/28）
1）徐 珉 廷（昭和女子大学非常勤講師）
　　日本語話者と韓国語話者の主観的な〈事態把握〉— シナリオ作成法調査結果から
2）權 容 環（神田外語大学准教授）
　　한국어 상급교재에서의 관형사형어미 '-(으)ㄹ' 결합 구성에 대하여

第232回（06/30）
1）新井保裕（大妻女子大学非常勤講師）
　　携帯メール言語特有表記の文字論的考察 — 日中韓対照を中心に
2）吉本 一（東海大学准教授）
　　19世紀末～20世紀前半の朝鮮語教科書

第233回（10/08）**第3回 朝鮮語教育研究会・朝鮮語研究会 合同研究大会**
　午前：全体会
1）金 京 子（大谷女子大）・芦田麻樹子（同志社大他）
　　연결어미 '면서'의 '동시' 용법에 대해
2）南 潤 珍（東京外国語大学）
　　한국어 교재 분석을 통해 본 일본어 화자를 위한 한국어 문법교육의 현황
　午後：分科会
　　（発音分科会，語彙文法分科会，中級授業実践分科会）

第234回（12/15）
1）林 茶 英（延世大学校大学院生・東京大学研究生）
　　『東國正韻』漢字音と現実漢字音の比較研究 — 止攝と蟹攝を中心に
2）金 恩 恵（東京外国語大学大学院生）
　　韓日外部空間名詞の空間的意味領域と対応関係
3）金 周 弼（国民大学校）
　　한국어 음운변화의 과정과 특성

2013年

第235回（02/23）
1）崔 正 熙（東京外国語大学大学院博士後期課程）
　　第二言語習得が第一言語使用に与える影響について — 日本語を習得した韓国語母語話者の場合
2）杉山 豊（東京外国語大学大学院博士後期課程・学振特別研究員）
　　『杜詩諺解』初刊本巻三の音韻的特徴 — 文献内部における言語的区分に注目して
3）朴 鎭 浩（ソウル大学校）
　　動詞의 結果含蓄에 對한 對照 研究

第236回 (05/25)
1) 小山内優子（東京外国語大学大学院博士後期課程）
    中期朝鮮語における名詞化
2) 韓 南 洙（ハングル学会日本・関西支会常任顧問兼理事）
    이진규《인민한글교본》에 대하여
3) Ross King（University of British Columbia）
    The Graphic Imagination: Script Primordialism and Modern Fantasies of Writing in Korean Antiquity

第237回 (07/13)
1) 李 美 姫（東京大学大学院博士課程）
    韓国語と日本語における略語の語形成の対照研究
2) 全 恵 子（東京大学大学院博士課程）
    現代韓国語の先語末語尾 {-఩-} を含んだ文の特徴―口語に見られる現場性，主体の固定性，傾きを中心に―
3) 伊藤英人（東京外国語大学）
    漢朝言語接触史初探―対抗中国化の観点から―
4) 李 賢 熙（ソウル大学校，東京大学）
    韓國語文法史 記述에서의 岐路 셋

第238回 (11/30)
1) 高橋春人（東京外国語大学大学院博士前期課程）
    中期朝鮮語動詞のアスペクト的クラス
2) 徐 旼 廷（東京外国語大学大学院博士後期課）
    現代韓国語大邱方言の韻律句における韻律的な特徴
3) 李 英 蘭（東京大学大学院総合文化研究科博士課程）
    韓国語의 것이다文의 構造
4) 박 형 진（慶応大学，ソウル大学校）
    내포문에서의 '-은/는' 성분 제약 현상에 대하여

2014年

第239回 (02/15)
1) 安 智 恵（東京外国語大学大学院博士後期課程）
    韓国語の副詞吾에 関する意味・統語的考察
2) 金 銀 姫（横浜国立大学大学院博士課程後期）
    中期朝鮮語의 主格・属格交替と延辺朝鮮語のピッチアクセントによる同現象の比較研究
3) 齊藤良子（東京大学）
    初級韓国語学習経験による学習ストラテジーの変化：実際の変化と認知されている変化の比較を中心に

4) 福井 玲（東京大学）
      고구마と감자の語彙史
   5) 李 賢 熙（ソウル大学校，東京大学）
      'X만하다'의 통시적 문법론
第240回（08/02）
   1) 岩井亮雄（東京大学大学院博士課程）
      韓国語非母語話者の平音・濃音・激音の発音分析
   2) 岡村佳奈（東京大学大学院博士課程）
      日本人学習者による韓国語挨拶表現の様相―第二言語として学ぶ中上級学習者を中心に―
   3) 黒島規史（東京外国語大学大学院博士後期課程）
      現代朝鮮語の하고，해서形と他動性をめぐって
   4) 趙 英 恩（東京大学大学院博士課程）
      日韓両言語における時間的な幅を表す表現について―韓国語の「동안」「사이」および日本語の「あいだ」「うち」を対象として―
第241回（09/08） 第4回 朝鮮語教育学会・朝鮮語研究会 合同大会
  午前：分科会
    第二言語習得論分科会（世話人：印 省 熙）
    類似表現分科会（世話人：李 煕 卿）
    情報処理分科会（世話人：須賀井義教）
  午後：合同大会
   1) 五十嵐孔一（東京外国語大学大学院准教授）
      語学研究と語学教育をつなぐもの
   2) 金 恵 珍（東京外国語大学博士後期課程）
      일본어 부사 「ただ」와 한국어 부사 「그냥」의 한국어 교육을 위한 의미 기능 대조 연구
   3) 南 潤 珍（東京外国語大学大学院准教授）
      어휘 항목의 내적 특성을 반영한 한국어 교육용 어휘 목록 연구
   4) 崔 銀 景（関西学院大学博士後期課程）
      外国語教育におけるコードスイッチング（2言語使用）―日本国内での韓国語教育を中心に―
   閉会挨拶 朝鮮語研究会 伊藤英人会長（後半司会）

2015年

第242回（02/20）
   1) 高橋春人（東京外国語大学大学院博士後期課程）
      『老乞大新釈諺解』に記入された声点について
   2) 黄 善 燁（ソウル大学校，東京大学）

양귀비꽃의 어휘사
第243回（06/13）
1) 新井保裕（東京大学助教）
「文字活用論」の社会言語学的研究―携帯メール言語の日中韓対照研究を通じて―
2) 伊藤英人（本会会員）
再中国化時期の吏読小説『蛙蛇獄案』浅析

第244回（07/25）
1) 金 成 樹（東京外国語大学大学院博士後期課程）
現代朝鮮語の「言いさし」の하게形について
2) 文 彰 鶴（韓国外国語大学校助教授）・睦 正 洙（ソウル市立大学校教授）
二重主語構文に関する日韓対照研究―叙述節・句論争と主語有無論争を中心に―

第245回（10/24）
1) 李 在 鎬（東京大学大学院後期課程）
朝鮮学校の学生による朝鮮語と日本語の使用様相―ドメインを中心に―
2) 朴 亨 振（慶応大学訪問講師）
한국어 관형사절의 체계와 분류

第246回（12/12）
1) 澁谷 秋（東京大学大学院修士課程）
現代朝鮮語における色彩語について―「黒」を表す色彩語を中心に―
2) 金 亨 貞（東京大学特任准教授）
韓国語における有生性について

2016年

第247回（02/13）
1) 高橋春人（東京外国語大学博士後期課程課程）
近代朝鮮語文献における過去を表す形式の用法について
2) 金 智 賢（宮崎大学）
条件と継起の連続性に関する日韓対照研究
3) 邊 姫 京（国際教養大学）
ソウル方言における閉鎖音のVOT変化と韓国語学習者のための新たな閉鎖音指導法の提案

第248回（05/28）
1) 清水 碧（東京大学大学院博士後期課程課程）
韓国語の"-게 되다"の用法について
2) 金 庚 芬（明星大学准教授）
日本と韓国の相手国・人・ことばに対する世代別好感度及び形成要因

3) 李 勇 九（立教大学兼任講師）
   韓・日「一字漢語(漢字)副詞」の形態比較」

第249回（09/10）**第5回 朝鮮語教育学会・朝鮮語研究会 合同大会**
1) 斉藤信浩（九州大学）・金美仙（同志社大学他）・小島大輝（近畿大学）
   韓国語テストにおけるパッチムと助詞はヒントになりうるか
2) 高 恩 淑（一橋大学他）
   韓国語の「ha-ko iss-ta」形と西日本諸方言「シヨル」形との対応関係
3) 須賀井義教（近畿大学）
   中期朝鮮語形態素解析用辞書の開発
4) 河崎啓剛（崇実大学）
   朝鮮語の해요体と日本語の「です添加型丁寧語」―対照研究の可能性と言語教育における応用価値―
5) 油谷幸利（同志社大学名誉教授）
   ハングル検定協会『トウミ』の新装版について―改訂版からの変更点と検定試験との整合性―
6) 안의정（延世大学）・서상규（延世大学）
   韓國語文語テキストと口語テキストの語彙多様性について―語彙の多様度と密度を中心に―
7) 前村和亮（韓国外国語大学）
   韓国語教育のための冠形詞形語尾'-ㄹ/을, -는'の意味分析
8) 李 英 蘭（神田外国語大学他）
   現代韓国語の「다가」のスキーマと意味拡張
9) 姜 英 淑（アジアアフリカ言語文化研究所）
   演劇的なアプローチによる韓国語教育―松山大学応用クラスにおける試み―
10) 金 智 賢（宮崎大学）
    「-어야」構文について―「必須条件」の日韓対照研究―

第250回（09/11）**第250回 記念シンポジウム**
1) 塚本秀樹（愛媛大学）
   動詞連用形をめぐる日朝対照言語学的研究の諸問題
2) 井上 優（麗澤大学）
   日本語と韓国語の時間感覚
3) 堀江 薫（名古屋大学）
   日本語と韓国語の「主節」と「従属節」：言語類型論の観点から
4) 鷲尾龍一（学習院大学）
   日韓比較国語学史の展開～朝鮮文典・大韓文典・日本文典～
5) 田窪行則（京都大学名誉教授）
   韓国語モーダル表現の質問文について

6) ディスカッション「朝鮮語研究に求められるもの」
第251回（12/10）
1) 岩井亮雄（東京大学大学院博士課程）
韓国語ソウル方言単母音の変化の方向性と聴取判断の様相―/ㅔ/と/ㅐ/の合流と/ㅗ/と/ㅜ/の接近を中心に―
2) 石黒みのり（東京都立青梅総合高等学校, 小平高等学校）
韓国語教材における終助詞요の考察

2017年

第252回（02/18）
1) 李 憲 卿（麗澤大学非常勤講師）
日韓親切の比較―接客場面を中心に―
2) 河崎啓剛（崇実大学校助教授）
16世紀朝鮮語アクセントの上昇弛緩現象について
3) 齊藤良子（東京大学特任講師）
金島苔水の韓語教材について
4) 邊 姫 京（国際教養大学）
促音の後の無声閉鎖音は本当に濃音に聞こえるのか
第253回（05/27）
1) 岩井亮雄（東京大学大学院博士課程）
韓国語の母音ㅓの音色の地域差について―小倉進平著『朝鮮語方言の研究』所載資料を活用して―
2) 邊 姫 京（国際教養大学）
語中の平音・激音・濃音の弁別にかかわる音響パラメータ
3) 池 玟 京（東京大学特任講師）
韓国語「는데」と日本語「ケド」の対照分析
第254回（07/22）
1) 岡村佳奈（東京大学大学院博士課程）
韓国語母語話者による疑問形挨拶表現への認識と応答―変数による差異に注目して―
2) 金 周 祥（神田外語大学）
잡지《한글》의'질의응답란' 일고찰 ―동인지부터 93호(1927～1942)까지―
第255回（09/09）
1) 清水孝司（大阪日本語教育センター）
「のだ」と「-ㄴ것이다」の対応関係とその全体像
2) 生越直樹（東京大学；発表者），新井保裕（東洋大学），孫 蓮 花（大連理工大学），李 東 哲（延辺大学）

民族学校生徒の朝鮮語使用―日本の韓国学校と中国の朝鮮族学校での調査から―

第256回（12/16）
1) 金 智 賢（宮崎大学）
   一項名詞文から見る「이다」と「だ」の意味機能
2) 福井 玲（東京大学）
   言語地図化した小倉進平方言資料から見えてくるもの

2018年

第257回（02/10）
1) 尹 聖 樂（東京大学大学院修士課程）
   個別的事態を表す現代日本語「と」と現代韓国語「-자」の対照分析
2) 河津 基（長崎外国語大学），邊 姫 京（国際教養大学）
   ピッチの違いを利用した平音と激音の指導効果
3) 邊 姫 京（国際教養大学）
   日韓短母音のフォルマントと韓国語の短母音指導―ソウル方言の오/우の合流を中心に―

第258回（05/26）
1) 李 美 姫（東京大学大学院博士課程）
   釜山方言の外来語アクセントについて
2) 五十嵐孔一（東京外国語大学）
   陳述と진술について―日朝対照文法論の観点から―

第259回（07/28）
1) 渡邊香織（千葉大学人文公共学府博士前期課程）
   在日朝鮮語の特徴について―ドキュメンタリー映画『ウルボ』に現れる発話を中心に―
2) 黒島規史（東京外国語大学他非常勤講師）
   現代朝鮮語の「副動詞語尾+焦点助詞」：-(아/어)서+-는を中心に

第260回（09/22）金鍾徳（同志社大学グローバル文化学部）
한국어 발음 교육을 위한 한국어 발음 규칙의 종류 및 위계

第261回（11/24）河崎啓剛（帝京大学）
プロトタイプ理論とイメージスキーマを活用した中期朝鮮語「X돌-」の意味分析

2019年

第262回（02/23）
1) 邊 姫 京（国際教養大学）

    ソウル方言における2音節語の音調パターン
  2) 金 鍾 徳（同志社大学グローバル文化学部）
    정규화의 개념 및 음성학 연구를 위한 정규화 방안
第263回（06/01）
  1) 金 智 賢（宮崎大学）
    「AはBだ」から「BのA」へ—いわゆる属格助詞の日韓対照を兼ねて—
  2) 伊藤英人（専修大学）
    「高句麗地名」中の倭語と韓語—

執筆者一覧
(掲載順)

岩井 亮雄　　東京大学

河 正一　　　大阪府立大学

金井 勇人　　埼玉大学

尹 聖樂　　　東京大学大学院 博士後期課程

平 香織　　　神田外語大学

五十嵐 孔一　東京外国語大学

岡村 佳奈　　立教大学 非常勤講師

編集委員（◎は編集委員長）　　　　　海外編集諮問委員
五十嵐孔一　（東京外国語大学）　　　李賢熙　（ソウル大学校）
油谷幸利　（同志社大学）　　　　　　權在一　（ソウル大学校）
松尾 勇　（天理大学）　　　　　　　宋喆儀　（ソウル大学校）
浜之上幸　（神田外語大学）　　　　　高東昊　（全北大学校）
生越直樹　（東京大学）　　　　　　　徐尚揆　（延世大学校）
岸田文隆　（大阪大学）　　　　　　　ロス・キング　（ブリティッシュ・
福井 玲　（東京大学）　　　　　　　　　　　　　　　コロンビア大学）
齊藤良子　（国士舘大学）
◎趙義成　（東京外国語大学）

朝鮮語研究　8

Journal of the Society for Korean Linguistics in Japan vol. 8
Edited by the Society for Korean Linguistics in Japan

発行　　　2019年9月5日　初版1刷
定価　　　5000円＋税
編者　　　朝鮮語研究会　編者代表 五十嵐孔一
発行者　　松本功
印刷・製本所　株式会社 TOP印刷
発行所　　株式会社 ひつじ書房
　　　　　〒112-0011 東京都文京区千石2-1-2 大和ビル2階
　　　　　Tel.03-5319-4916 Fax.03-5319-4917
　　　　　郵便振替 00120-8-142852
　　　　　toiawase@hituzi.co.jp　http://www.hituzi.co.jp/

ISBN978-4-8234-1004-8
http://www.tufs.ac.jp/ts/society/tyosengo/
© Tyoosengo Kenkyuukai 2019

造本には充分注意しておりますが、落丁・乱丁などがございましたら、
小社かお買上げ書店にておとりかえいたします。ご意見、ご感想など、
小社までお寄せ下されば幸いです。